面接官が本音で教える

就活面接

完全対策マニュアル

キャリアカウンセラー 中谷充宏

初対面の人から、

「自分をＰＲしてください」

「あなたの短所は？」

なんて言われること、ふだんはありませんよね。

そのせいか、入りたい会社の面接ほど、

「盛る」人が多いです。

しかし面接官には、すべてお見通しです。

「優秀」と見られたい気持ちはわかりますが、

面接官が知りたいことのメインは、

・この人はどの程度、優秀か

・自分をＰＲするのが得意か

などではありません。

仕事をゼロから習得していくうえで不可欠な、
素直さ、真面目さを備えているかが、メインです。

もし備えていても、「盛る」と、見えなくなってしまいます。

とはいえ、何でもかんでも真正直に答えれば
受かるというものでもありません。

では、どう答えれば、人気企業から内定を得られるでしょう？
このあたりのバランスやセンスも、くわしく説明しました。

では、始めましょう。

実例 これが聞かれた！最新・質問集（抜粋）

実際に面接でされた質問です。ストレートなもの、ひねったものなど色々ですが、なぜこういう質問をするのかの意図が読めればポイントを外さず回答できます（くわしくは本文で説明します）。

難しい質問

・100万円あったら何に使いますか？
・一番の親友の長所を教えてください
・水族館をプロデュースするならどんなものにしたいですか？
・あなたを家電に例えると何ですか？
・あなたを色に例えると何色ですか？
・自分を食べ物に例えると何ですか？
・あなたを嵐のメンバーに例えると誰？
・無人島に何か1つ持っていけるなら、何を持っていきますか？
・坊主頭の人にクシを売るにはどうすれば良いと思いますか？
・私があなたの部下役を演じますので、遅刻してきた部下を叱ってみてください
・自社商品が大量に売れ残ったらどうしますか？
・世の中からスマホがなくなったらどうなると思いますか？
・マンホールの蓋はなぜ丸いと思いますか？
・コンビニを出店するなら、どこに出しますか？
・会社でクリスマスパーティーがあったら、あなたはどこに立っていると思いますか？
・あなたの相棒は何ですか？
・友人がカンニングしているのを発見したら、どう

実例　これが聞かれた！ 最新・質問集（抜粋）

しますか？
・無人島に漂着したとしたら、どんな方法で脱出しますか？
・小学5年生の児童に「大人になるまでお酒を飲んではいけない理由」を説明してください
・自分の人生を本にするなら、タイトルは？
・自分にキャッチコピーをつけてください
・四季の中ではどれが一番好きですか？
・あなたが桃太郎だとして、鬼退治の費用に30万円あったらどう活用し成功させますか？
・何か面白い話をしてください
・好きな飲食店のお気に入りのメニューについてプレゼンしてください
・あなたのテーマソングは何ですか？
・1円で買えるものは何だと思いますか？

メーカー

・弊社の製品を知っていますか？
・弊社の製品を使ったことはありますか？
・なぜBtoCメーカーなのですか？
・なぜBtoBメーカーなのですか？
・なぜ川上企業である弊社志望なのですか？
・「安全」についてどう考えていますか？
・ものづくりに興味を持った経験は？
・地方勤務が多いですが大丈夫ですか？

商社

・なぜ専門商社なのですか？
・なぜ総合商社なのですか？
・海外勤務についてどう考えていますか？
・商社の付加価値は何だと思いますか？
・メーカーとの違いは何だと思いますか？
・事業領域が広いのですが、どの部署で働きたいですか？
・体育会の多いカンパニーでもやっていけそうですか？

小売

・提供者側としてお客様と関わった経験は？

・理不尽なことにどう対応してきましたか？
・EC市場が発展する中で、実店舗が存在する意義を教えてください
・EC市場に、どのように対抗していく必要があると思いますか？
・サブスクリプション型のサービスについて、どう考えていますか？

金融

・怒っている人に対応した経験はありますか？
・銀行・証券会社の存在理由や役割は何だと思いますか？
・対人交渉の経験はありますか？
・ストレス耐性はありますか？
・目標に向かって努力した経験は？
・お客様が当行を選ぶ理由は何だと考えますか？
・経済を回したいとのことですが、具体的にどういうことですか？
・若年層の保険離れが進んでいますが、どう解決しますか？
・目標達成が難しい時、どう対応しますか？

サービス・インフラ

・ホスピタリティを発揮した経験は？
・アルバイトは何をしていましたか？
・海外のお客様に対応したことは？
・弊社のクレドを知っていますか？
・何かサービスを受けて、価格以上の価値を感じたことはありますか？
・チームで何か成し遂げた経験は？
・不規則な業務時間ですが、大丈夫ですか？
・最近、人から感謝された経験はありますか？

広告・出版・マスコミ

・どんな番組・広告・書籍を手掛けたいですか？
・デジタル化は、この業界にはどのような影響を与えると思いますか？
・テレビ（ラジオ）離れに、どう対応しますか？

・理不尽に怒られたら、どう対応しますか？
・好きな（番組・広告・書籍）を、理由も合わせて教えてください
・流行に敏感な方ですか？
・何かを考え出すことは好きですか？

ソフトウェア・通信

・弊社の製品を使ったことがありますか？
・一般消費者向けではない製品ですが、どこで使われているか知っていますか？
・ＩＴ化をすることで、何か改善するとしたら、どんな改善をしたいですか？
・突発的な対応が多く求められますが、大丈夫ですか？
・リリース前など繁忙期はかなり忙しくなりますが、大丈夫ですか？
・プログラミング技術を学ぶことに抵抗はありませんか？
・情報のキャッチアップが日々求められますが、普段から勉強はする方ですか？

官公庁・公社・団体

・なぜ民間企業ではないのですか？
・民間企業と公務員の違いを教えてください
・なぜ国家公務員(地方公務員)を志望するのですか？
・地方分権で地方に仕事が任されていく傾向についてどう思いますか？
・苦手な人とはどのように関わりますか？
・人と接する仕事とデスクワークではどちらが良いですか？
・意見が対立したらどうしますか？
・公務員とはどうあるべきだと考えますか？
・ルールやマナーは何のためにあると考えますか？
・人と関わりたいと言っていますが、それなら民間企業の方が良いのでは？

出典　https://www.dainigent.jp/for_dainishinsotsu/mensetsu_taisaku/21763
https://www.theport.jp/portcareer/article/71/

要check!

面接官をウンザリさせる「最新・NG回答トップ10」

1位

［自己PR］

「〜〜を頑張ってきた経験から、御社に貢献できます！」

⬇面接官はこう受け取る！

「ウチ（当社）の仕事を100%理解できてるわけないのに、『貢献できます！』なんて、なんで断言できるの？　なめてない？」

2位

［ガクチカ］

「○○を企画して実行し、アルバイト先の店舗の売上を30%アップさせました！」

⬇面接官はこう受け取る！

「そんな簡単に売上はアップしないはずだし、仮にそうだとしても、あなた一人だけの功績じゃないでしょ？」

3位

［ガクチカ］

「2年の夏に友人と1週間かけて行った、自転車での北海道一周ツーリングです。無事にゴールした感動は忘れられません！」

⬇面接官はこう受け取る！

「それ、『思い出話』『単発イベント』だよね。大学3年間のうちたった1週間の、これがあなたの『ガクチカ』なの？」

4位

［「あなたの短所は？」に対して］

「計画性が乏しいという短所は、フットワークが軽いという長所でもあります」

⬇面接官はこう受け取る！「素直に答えてほしいのに、就活テクに染まった人なんだな」

5位

［ガクチカ］

「学内の○○大会で、1位を受賞しました！」

⬇面接官はこう受け取る！「規模もレベルもわかんないから、すごさが伝わってこないんだよね」

6位

［自己ＰＲ］

「ゼミのグループ長を務めた経験もあり、リーダーシップが私の売りです」

⬇面接官はこう受け取る！「たった5人のグループ長で、リーダーシップって言われてもなぁ」

7位

［自己ＰＲ］

「体育会でやってきたので、体力には自信があります！」

⬇面接官はこう受け取る！「アスリートレベルの体力なんて求めてないんだけどな」

8位

［志望理由］

「私はこの先、こういったキャリアを積んでいきたいので～」

⬇面接官はこう受け取る！「ウチ（当社）は、あなたのキャリアアップのためにあるわけ？」

9位
［ガクチカ］
「バイト先のマニュアルを、自宅や電車内で作りました！」

⬇面接官はこう受け取る！

「自宅や電車内じゃ時給は発生しないのに、そこまでやる？　普通やらないよね。盛ってるでしょ？」

10位
［面接官の質問に答える前に］
「～をご存知ですか？」

⬇面接官はこう受け取る！

「質問は後で受けるから、逆質問はいらないよ。こちらの質問にちゃんと答えなさい。ルールやマナーを軽視する人だね」

〈ポイント〉「盛る」ほど内定は逃げていく！

「ショボいと思われたら終わりだ、少しでも自分を大きく見せなきゃ！」という想いが強すぎるのか、就活テクに溺れたズレた回答をする人が後を絶ちません。本当にもったいないです。

「等身大の自分をしっかり伝えること」が最も重要で、面接官の知りたいのも、そこなのです。

たとえば、盛ってばかりで「等身大」がいっこうに見えてこない人と、あなたは結婚しようと思いますか？　それとよく似ています。

等身大であれば伝わったはずの魅力が、盛ったら等身大ではなくなるのだから、当然伝わりません。

「でも、私の等身大じゃ勝負にならないんじゃ……？」という不安はよく分かります。

どう伝えれば良いかを、本文でじっくり説明していきます。

contents

STEP 2
「ネガティブ要素」は、こう言えば受け入れられる

STEP 3
ツボをつくために必須！ 面接の裏側を知ろう

contents

STEP 4 「マスト10質問」は、こう答えればいい！

STEP 5

「その他の頻出質問」は、こう答えればOK！

contents

STEP 6

「圧迫質問」は、こう切り返せばOK！

カバーデザイン　喜來詩織（エントツ）

イラスト　山口歩

Prologue

すごいスペックがなくても、「受かる答」は作れる！

0-1 企業は就活生の何を見たいのか？

「当社で使える人材か？」

就活は、各種テストや書類選考をクリアするのも一苦労ですが、この先の面接選考が一番大変です。

WEBテストなら替え玉受験もできてしまうし、履歴書・ES（エントリーシート）は、大学のキャリアセンターで何度も添削を受ければそれなりのものが仕上がります（本書は当然ながら替え玉受験をすすめているわけではありません。就活の現場で起こっている現実としてお伝えしています）。

しかし、面接は他力本願では絶対に受かりません。

企業側もテストや書類ではなく、リアルに就活生に接してチェックしたいことがたくさんあります。

どの企業でも計りたいのは、

「当社で使える人材かどうか？」。

ごく稀に、その企業ですぐやっていける「即戦力」がある学生もいるでしょう。そういう人は、スキルを堂々とアピールすればいいでしょう。しかしこういう人は例外中の例外です。

問題は、即戦力を持っていない大半の学生です。

「誇れるスキルなんてない……」と不安になる人も多いでしょうが、立派に見える社会人も学生時代は皆さんと同じ地点にいたのです。そこからいわゆる一流企業や人気企業といった「良い企業」に入っている人は、過去にたくさんいます。もちろん、残念ながらそうでない人もいます。

何がその差を分けるのでしょうか？

地頭の良さ、人柄

際立ったものがない人こそ、誇大広告や嘘に走らず、考え抜いた回答で「地頭の良さ」を感じてもらい、自分の素直さや前向きさをアピールして、「当社で伸びてくれそうだ！」と感じてもらうことが大事なのです。

企業は、ごく一部を除いて、「入社したら即戦力で活躍してくれなくては困る」なんて過度な期待を学生にはしていません。

人材を使い捨てるブラック企業なら別ですが、新卒採用を毎年定期的に行う企業なら、しっかりと研修を行って数年かけて一人前にしていく人材育成制度や企業文化ができています。だからこそ、

短期離職をしないか？
自分勝手ではないか？
打たれ弱すぎないか？

を中心に、面接でしっかり見極めたいと思っているわけです。

そのため、**この3つをしっかりアピールして、（中長期スパンで見た時に）当社で使える人材であることを感じ取ってもらう**ことが大事になってきます。

0-2 質問には必ず「面接官の本音」がある

何でも「正直なら良い」ではない

たとえば、

「あなたの夢は何ですか?」には、

「入社した場合に達成したい仕事上の目標を聞きたい」という本音が隠れています。

額面通り受け取って、(独立支援制度のようなものがないのに、意識が高いヤツと思われようとして)「早く起業して自分の会社を持ちたい!」とか、(自分の思うままに)「幸せな家庭を築きたい!」と答えるようでは、面接官の聞き取りたいこととは大きくズレているということです。

孫子も「敵を知り己を知れば、百戦してなお危うからず」と言っているように、闘いに臨む前には、敵について調べるのは当然なのに、面接官のことをわからずに臨むのでは結果は明らかです。

一方、「就活テク」に染まりすぎるのもNGです。誤ったもの、面接官から見るととんでもないものも平気で流布しているからです。

たとえば短所を聞かれたとき、

「短所は長所の裏返しなので、この短所も長所だと思っています」

といった「短所→長所置き換え話法」が典型です。

面接官は「短所などない、すごい人間にだけ面接に来てほしい」のでしょうか？ 違いますよね。

人間なら誰にでもある短所について話してもらって、人となりを知ろうとしているのです。相手を理解せず、自分本位で一方的な回答をすると心証を悪くする場合が多々あるのです。

どこまで本音を言っていい？

面接は、企業側・学生側の両方の本音と建前が交錯する場です。

たとえば、民間企業の面接で志望業界を聞かれて、「本命は公務員で、公務員以外は考えておりません。面接慣れするために、試しに一般企業を受験したまでです」と本音を言う人はいないし、面接官もこんな「本音」は聞きたくないでしょう。

「嘘も方便」と言うように、双方とも常識的な範囲であれば建前や嘘を言うことが認められている場所と言えます。ただし、就活生にとっては、本音と建前をどの程度使い分ければ良いのか皆目見当つかないというのが、実際のところでしょう。

建前論ばかりでは、面接官の琴線に触れないことも多いです。このあたりのさじ加減は正直、かなり難しいです。

心配はいりません。本書は、頻出の質問に込められた面接官の本音や意図を、一つひとつくわしく説明していきます。あわせて、今の就活生に合った攻め方を徹底的に解説します。盛ったり嘘をついたり、誤った「就活テク」に乗った回答と本質的に異なる回答が、誰でもできるようになります。

0-3

「ショボ」くても内定は取れる！

とにかく盛るな！

自分をよく見せようと誇張する「盛る」という行為。最近の調査では、60％超の就活生が「盛った」というデータが公表されました。毎年たくさんの就活生を見ている採用担当者は、「それ、絶対盛ってるでしょ？」とお見通しなのですが、一向に減る気配はありません。

そもそも面接官は、社会人でも唸るような素晴らしい実績や経験を就活生に期待しているわけではありません。もちろん、即戦力で活躍できる学生もいますが、レア中の超レアです。

それなのに、「何かすごいことを言わないと」と勘違いして、ガクチカを聞かれたら、「本当は飲み会に行ってただけだけど、学内テニスサークルの大会で入賞したことにしよう」、「実際はやってないけど、サークルの副幹事とか企画担当ならバレないだろう」と、盛ってしまうのです。

「映え」より「人となり」

そもそも面接官は、即戦力ではない大半の学生に対して、「すごさ」を期待しているわけではありません。「すごさ」の優劣で内定を決めているわけでもありません。

「ショボ」いと他人には思われかねない体験でも、それらを通じて何を感じ、どう行動して、今にどう活かされているのか？　そうした就活生の「人となり」、「パーソナリティ」を知りたいのです。いわば素顔を見たいわけです。

盛ったら素顔が見えない！　つまりパーソナリティが伝わらないのです。「バレるかバレないか」という次元ではない、自爆行為なわけです。

面接官は、「エピソードがショボいから」と、落とすわけではありません。

人となりが伝わるコミュニケーションをしてくれないから、他の、人となりを伝えてくれた人に高評価をつけているということなのです。回答内容の「映え度」で決めているわけではありません。

盛らないだけで、内定に一歩近づけます。

0-4 PREP法で話すだけでリード！

就活最強の「PREP法」とは？

「面接では結論から言え！」は、今や定石中の定石です。

ストーリー仕立てのように「起承転結」だと、最後まで聞かないと全体が見えずわかりづらいのです。エピソードがユニークで興味深い内容で、ライバルより優れていたとしても、冗長で終わりが見えない話し方では、面接官もちゃんと汲み取れません。特にコロナ後、**企業はリアルなコミュニケーションをより重視**するようになっているので、面接官が望むような伝え方の工夫が必要になります。

そこで**「PREP法」**です。

P（POINT＝結論）→R（REASON＝理由）→E（EXAMPLE＝例）→P（POINT＝まとめ）という流れで話す手法です。

たとえば長所を聞かれたら、まず、「粘り強く努力を継続できる点が長所です」と、結論を話します。次に、

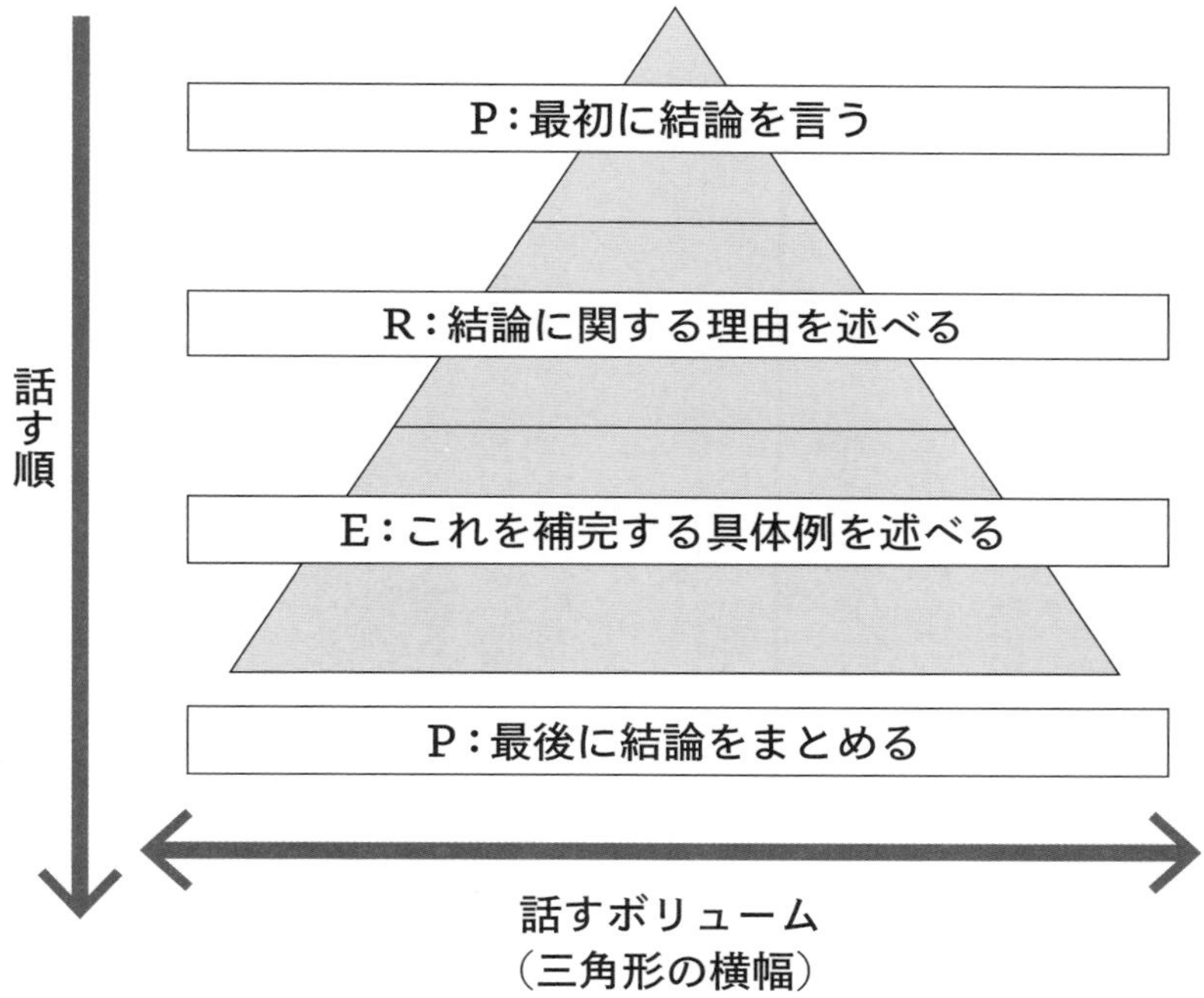
P：最初に結論を言う
R：結論に関する理由を述べる
E：これを補完する具体例を述べる
P：最後に結論をまとめる
話す順
話すボリューム
（三角形の横幅）

「この長所は、大学の体育会ラクロス部の活動で培いました」

と、理由を話します。そして、

「レギュラーになるため、通常練習の後に自主練習を2時間続けました。また、試合やビデオを見てより良いプレーを研究しました」

等、裏付ける具体的事例を時間が許す限り述べます。最後に、

「以上から、継続力には自信があり、御社に入ってもこの力を発揮して頑張っていきたいです！」

と、まとめるのです。

面接では、**すべての質問に「まず結論！」**で臨んでください。「非常にクレバーで反応が良い人」という好印象を持たれます。自身も先に大事なことを伝えられるので、話の展開が楽になります。

Column
0

面接官って、そもそも何者？どのくらい偉いの？

まさしく採用面接の場で面接するのが面接官で、人事部門の社員はもちろん、想定される配属先の責任者や役員、社長などが（面接官の役割を）担います。

面接官の中でも、採否を決める権限を持つ人と持たない人がいます。たとえば最終面接で、社長が面接官として登場したら、この社長は採否の権限を持っているでしょう。

一方、1次面接で複数の面接官がいる中で、若手社員が補助的に参加する場合、権限は持っていないでしょう。

ただ、「（当日初めて会う）この面接官は、権限を持っているかな？」と見極めようとしても、社長なら別として、わからないと思います。若くても権限のある人もいれば、ベテランでも権限のない人もいます。

したがって、当たり前ですが、面接官が若くても女性でも、決して気を緩めず、甘く見ず、「この人は権限を持っている」という前提で真剣に臨むことが大事です。

権限がなくても、面接官に見られた言動はすべて権限のある上位者に伝わるという前提で行動するくらいで丁度良いのです。

STEP 1

「名回答」を考える前に、失点ポイントを押さえよう

1-1 見た目は「スーツ」が9割

著名なアメリカの心理学者メラビアンが提唱した法則の俗流解釈によると、面接では、

・視覚情報――スーツの着こなしや面接官に向ける視線など
・聴覚情報――話し方や声の大きさなど

によって評価の93％が決まり、回答内容（言語情報）は、7％しか影響しないそうです。

割合の精度はともかく、この解釈は世に広く浸透しています。

なぜかというと、「視覚・聴覚情報」が面接では重要な評価ポイントであることが、すでに現場で証明されているからです。面接官なら誰でもうなずけることなのです。

質問にどう答えればいいか（言語情報）は、この先でじっくり説明します。

ここでは「視覚」（見た目と視線）と「聴覚」（声の大きさと口調）について、説明します。

2つのコツ

・スーツのサイズが合っていない
・うつむき加減

――これだと、回答内容が良くても高評価はもらえません。ここで2つのコツを伝授します。

まず見た目は、スーツの着こなしをきちんとする。ただスーツを着ればいいわけではありません。

サイズが合っていないスーツほど残念なものはありません。大きすぎるとだらしなく、頼りなく見えます。小さくてパッツパッツだと滑稽に映ります。「太ったのかな?」などと、自己管理力を疑われることにもなります。

スーツは、社会人としての信頼性の象徴です。残念だと信頼や期待を持たれず、「前向きに頑張ってくれそうだ」「将来が楽しみな若者だ」という印象には程遠くなってしまうのです。学生のうちは、ピンと来ないかもしれませんが、日頃「できる人」のスーツ姿を見慣れている**社会人から見ると、「サイズが合っていない」は致命的です。**

就活スーツは、一生を左右する勝負服です。「ふだんのTシャツはLだから、スーツもL」と、安易に買うと危険です。絶対に手を抜かず、ぜひ**百貨店の紳士服売り場のスタッフのようなプロに、サイズ、着こなしをを含めて見てもらってください。**

入学式用に買ったスーツでもかまいませんが、その後体型が変わってサイズが合わないなら、「お直し」という方法もあります。スーツの着こなしを改善するだけで、好感度は100%上がります。

次に視線について。筆者は**面接官の目をしっかり見る**ように指導しています。これは「目は口ほどに物を言う」の通り、「目で熱い想いを伝えるべき」という考え方に基づいています。

「凝視すると失礼」、という意見もありますが、面接官は面接評価シートやエントリーシートを見るため目線を切るので、気にしなくてかまいません。

面接官は、目力の強い人には、「意志やメンタルが強そうだ」、「バイタリティにあふれている」と感じてくれます。相手の目をしっかり見るのは誰でもすぐできることです。今すぐ取り組んでください。

1-2 声、姿勢でリードできる

声が小さい、早口で話す――これではせっかく的確に答えても聞き取りづらく、与える印象も良くないのです。そこで、この「聴覚情報」を良くするために、私が伝えたいコツは2つ。**声は大きく&ゆっくり丁寧に**です。

面接では、皆さん緊張のせいか声が小さいのです。声を大きく出すのは必須です。応援団のような大声の必要はありませんが、家族や友人との会話の**1.2〜1.5倍**の声で話すようにしてください。

特に面接の第一声、

「失礼いたします」の入室挨拶や、

「○○大学△△学部から参りました、吉岡彩菜です。本日はよろしくお願いいたします」

と名乗るシーンでは、声の大きさがあなたの第一印象に大きな影響を与えること必至です。

ここでしっかり声が出ていないと、着席してからの面接本番で、もっと声が出にくくなります。

大きな声はプラス評価に働いてもマイナスになることはありません。ぜひしっかりと大きな声を出してください。

また、事前に回答を用意していることもあって、その内容を早く吐き出したい心理から、ついつい早口で話してしまう人が多いのです。

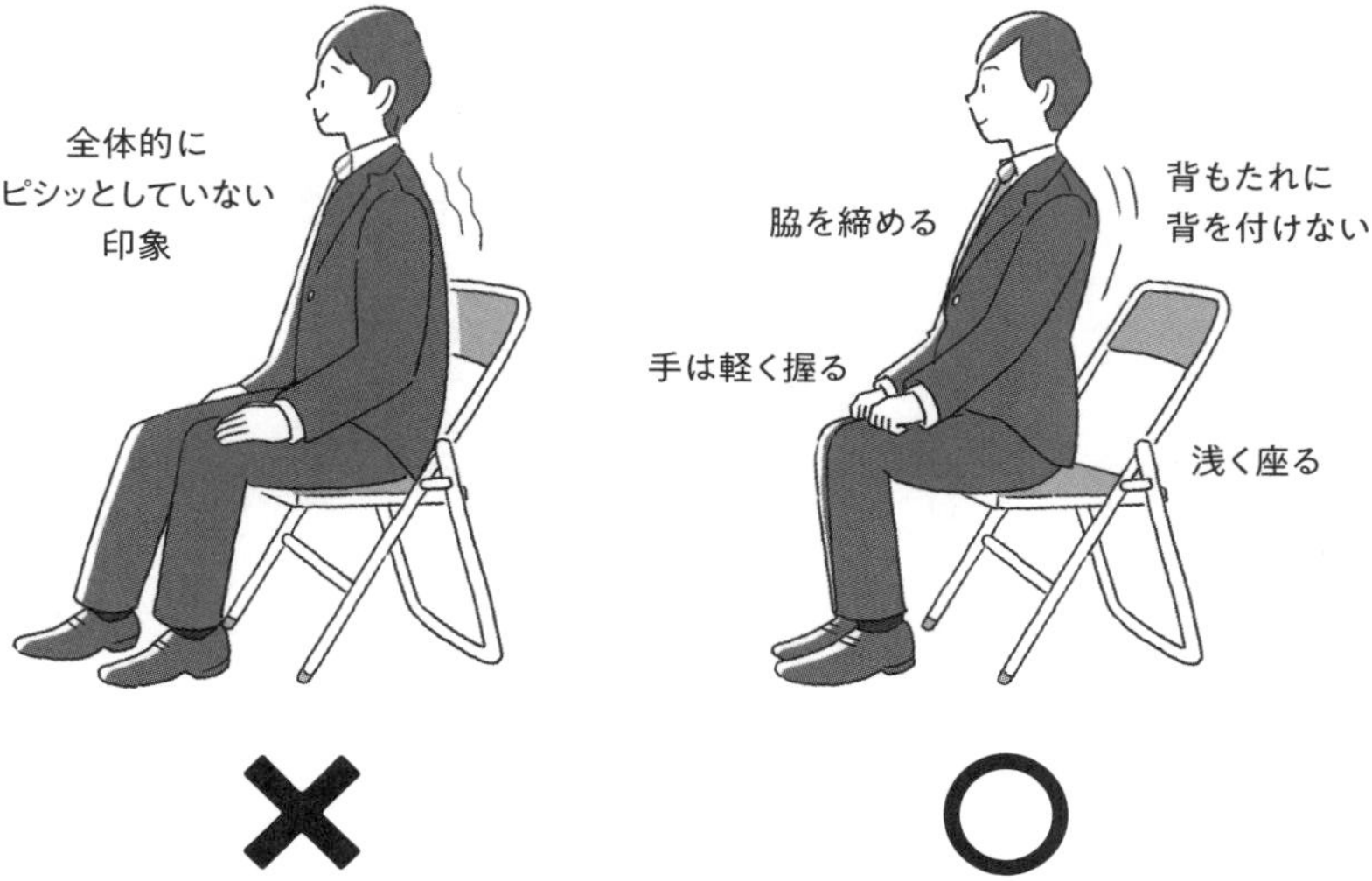

面接で一番大事なことは、覚えてきた回答を話し切ることではなく、面接官にきちんと情報を**「伝える」**ことです。そのためには、いつもよりも心持ちゆっくり話した方が効果的。そうすることで自分の心にもゆとりができ、落ち着いて回答できます。

「座る姿勢」は見られている

座る姿勢も、印象を大きく左右します。背もたれに背中をつけず、後ろ側約半分のスペースを余らせるように浅く座ります。足は、男性は腰幅に広げ、女性はくるぶしと膝をしっかりくっつけます。膝の角度は90度が基本です。手は、男性は軽く握り、女性は組んで膝と足の付け根の間に置きます。

肩の力を抜き、腕と胴体の間に卵一個分スペースが空くのが理想です。背筋を伸ばし胸を張ります。

1-3 「自己中」と逆効果になるNG行為

提出物は必ず許可を

「私は話し下手。見せた方が伝わる！」

と、自分のことをまとめたプレゼンシートやポートフォリオ（作品集）などを持ち込んで面接中に見せたり、配布しようとする人がいます。

応募企業から事前に許可をもらっている、もしくは、

「そのお話ですが、資料を用いて説明させていただければ、もっとわかりやすくなりますので、持参した資料をお出ししてよろしいでしょうか？」

と、面接中に尋ねた上で**許可を得たならＯＫ**です。

この許可なしに、いきなりカバンの中をごそごそあさって「この資料を見てください！」とやると、**レギュレーション違反**になります。

積極性のアピールにもなりません。絶対にやめましょう。

面接官は公正公平に評価する必要がありますから、一部の申し出た学生にだけ「資料持ち込みＯＫ」とするわけにはいかないのです。

「ダメもとで打診」も一手

ただし、これは就活上、絶対にやってはいけない「ご法度」的なものではありません。たとえばクリエイティブ系ならば、ポートフォリオの提出は一般的です。

つまり、きちんと「許可」をとっておけば良いのです。

話すのが苦手な人なら、事前にまとめた資料でＰＲする方が、やはりやりやすいでしょう。

そのため、ダメ元にはなりますが、事前に、「言葉で説明するよりもお見せした方がわかりやすいので、面接当日にこういった資料を持ち込んでも良いでしょうか？」

と、打診しておくことをおすすめします。

1-4 「無礼者」と秒殺されるNG行為

面接がオフィシャルな場なのは知っているはずなのに、学生気分が抜けないのか、「等身大の自分じゃ落ちる」という不安からか、あるいは間違った就活テクに染まってしまったのか、つい礼節に欠ける行為をやらかす人が毎年けっこうな数います。

不採用に即、直結するNG行為なのですが、本人はまったく悪気がなく、むしろ正しいと勘違いしているケースが多いため、細心の注意が必要です。

「逆質問」に面接官が抱く本音

代表的なのが、面接中の逆質問。

「～って、ご存知ですよね？　実はこれは～」

「私って～じゃないですか？」

「すみません、仰っている意味がよくわからないのですが、これは～ということでしょうか？」

など。

面接官が「とりあえず質問してみた」といったあいまいな質問なら、意図の確認は必要でしょう。

ただ、就活面接において、そんな質問はレアです。

就活生からの質問を受ける時間は、通常は面接の後半に設けています。それ以外の時にこうした逆質問をする人に、面接官は良い印象は抱かないでしょう。

「質問は後で受け付けるから、ちゃんとこちらの質問に答えなさい。ルールやマナーよりアピール優先の、自己中心的で利己的な人だな。とてもじゃないが当社に迎えたくはない」が本音です。

派手なジェスチャーもNG

もう一つ代表的な例として、派手なジェスチャーがあります。

たとえば趣味を聞かれたとき。スイング（テニス、野球、ゴルフなど球技系）、手で水をかく（水泳）、型をいきなり披露（空手）などしつつ、

「これです」。

特技を聞かれて、キーボードを叩くジェスチャーをし、「これです」も同じです。

ふつうに「ゴルフです」、「水泳です」、「パソコン操作です」と答えれば良いのに、わざわざ派手なジェスチャーで目を引こうとし、面接官に「テニスってこと？」などと考えさせるのは、失礼以前に、そもそも質問に対して正確に回答していないことになります。

「面接をなめている」と見なされ、即不採用になってもおかしくありません。

今は「カジュアル面接」といって、ガチガチの形式ばったものではなく、普段通りに話しやすい雰囲気を重視する面接をする企業も増えていますが、それでも一定の節度、礼儀は大事です。

こうした行為はやめておくに限ります。

1-5 質問と回答の「ズレ」は命取り

前頁のジェスチャーと似ていますが、質問に対して正しく回答できていないケースも散見されます。

実は、面接の最初に聞かれる自己紹介時に正しく回答できていない人が驚くほど多いのです。

たとえば次の回答、どこが間違っているでしょう?

「まず今、通っている大学とお名前を教えてください」

→「はい、篠原亮介と申します。慶邦大学3年です」

正しくは、

「慶邦大学の篠原亮介と申します」。聞かれた順通り、大学、氏名の順で回答しましょう。

これは細かいズレなので即不採用にはなりません。

しかし、こうした**ちょっとしたズレが重なると、**

「どうも噛み合わないな。コミュニケーションが難しい人ってことだな」

と判断され、落選する可能性が高くなっていきます。

落選に直結するズレ

こうした軽度のズレなら許容してくれるでしょうが、見逃してくれないレベルの致命傷もあります。

たとえば、

「最近、関心を持ったニュースはありますか？」と聞かれて、

「阪神タイガースの優勝です。この優勝の背景には〜」と、最近ではなく**数カ月前の話題**を持ち出してしまう。**聞かれた「最近のニュース」について答えていない。**

志望理由を聞かれているのに、

「私は小学校からバスケを続けてきて、今も体育会バスケ部で頑張っています。体力には自信があるので、体力が必要とされる御社の法人営業で貢献できます」

と、「志望理由」ではなく「自己ＰＲ」をしてしまう。**聞かれた「志望理由」を答えていない。**

さらに、先述しましたが、短所を聞かれているのに、

「短所は心配性なところですが、これは何事も熟考するという長所でもあります！」

と、短所をはぐらかして長所としてＰＲ。つまり、**聞かれた「短所」について答えていない。**

こうした回答は一見すると間違っていないように思えるから厄介です。

誤った「就活テク」の影響もあるでしょうが、聞かれたことに答えず、違うことを答えるようでは、コミュニケーション力に問題ありと評されてもしかたがありません。

面接で大事な基本中の基本は、

「はぐらかさず、聞かれたことにちゃんと答える」に尽きます。

そのためには、定番の質問に対する回答案を、正しいやり方（本書で詳述）で仕上げておき、面接本番では、面接官の質問をよく聴いて回答することが大事です。

1-6 「～で貢献できます！」は危険

これも「誤った就活テク」の悪影響なのでしょう、

「～で貢献できます！」

と、高らかに断言する人が急増しています。

面接官が納得するようなものなら有効ですが、**ショボいと逆効果**になる危険性があります。

たとえば、情報工学専攻で様々なプログラミング言語を操れ、既に現役バリバリのシステムエンジニアとして活躍している人がシステム開発職に応募する場合は、非常に有効です。


一方で、難易度の高くない資格に何度も挑戦してようやく合格した実績を前面に出して、

「○○資格の勉強で培った粘り強さで、御社に貢献できます！」

と、力強く断言する。もしくは、

「毎日、新聞の気になった記事をまとめることを2年続けました。この継続力で御社に貢献できます！」

と、自信満々に言い切る。これが効果的かというと、筆者はかなり疑問です。というより絶対にやめておいた方がいいと言えます。

断言するなら「未来に約束」

そもそもその会社で働いたことがないのに、また総合職への応募でどの職種に就くかもわからないのに、なぜ貢献できると言い切れるのか？　という大きな疑問・違和感が生まれます。

だからこそ、言い切る根拠が「ショボい」と納得は得られません。それどころか、面接官の本音は、「そんなショボい根拠で、よく断言なんてできるね。その根拠で納得を得られると思ってるの？」です。こういう評価を一度されてしまうと、挽回はかなり難しいです。

断言するなら、「御社に入社が叶っても、こうした地道な努力を継続していく覚悟です！」と、未来に向けて宣言する方が学生らしい若々しさが感じられ、面接官にとっても受け入れやすいので、おすすめです。

1-7 良かれが逆効果①「自己PR」

「自己PRをしていただけますか？」は最も重要な質問の一つ。

この回答が選考突破の鍵を握っていると言っても過言ではありません。

少しでも自分をよく見せたいと、オーバーな表現が多くなる気持ちはわかりますが、毎年嫌というほど就活生の面接をしている面接官は、誇張PRにうんざり、飽き飽きしています。でも、それを顔に出すわけにはいかないから、平静を装って聞いている。これが本音です。

まず、ここを押さえておきましょう。

つまり、**うんざりさせなければ、それだけでリード**ということです。

たとえば、ゼミ（3人）のグループ長を半期務めた経験から、

「リーダーシップに自信があります！」

と、自己PRしたとしましょう。

その後、「なぜなら～」と裏付けを語りますが、果たしてこのレベルの「ショボい体験」で、「確かに、あなたにはリーダーシップの資質が備わっているね！」と、面接官を納得させることができるでしょうか？

無理ですよね。**経験自体がショボいと言っているのではなく、リーダーシップを伝える根拠としては弱いのです。つまりリーダーシップは、この人の場合、面接で語る「売り」ではないわけです。**

150人の部員を抱える体育会の主将なら、売りになります。

わざわざ売りでないものを売りにして評価を下げるのはナンセンスです。

面接官は誇大広告ではなく「等身大の回答」を期待しているのです。他の「売り」を押し出すべきです。

「求める人物像」を意識しすぎ

確かに応募企業の「求める人物像」にマッチしているに越したことはありません。

しかし、即戦力が求められる中途採用と違って、企業は新卒学生に厳密にマッチング精度を求めてはいません。新卒学生に求める人物像なんて、抽象的なスローガンのようなものばかりで、就活生なら誰もが持ち合わせているはずのものばかりです。

たとえば、ある企業は、「好奇心・意欲・行動力を持った学生」を掲げています。程度の差はあるにせよ、この3つは皆さん、必ず持っていますよね？　だから無理に、

「私は好奇心が旺盛で、何事にも意欲的に取り組み、行動力には自信があります！」

なんて迎合した回答をしなくていいのです。うんざりさせるだけです。

また、面接官は組織内の人材バランスを重視します。ダイバーシティ（人材の多様性）が求められる今、同じタイプの学生ばかり採用することはありません。リーダーばかり採るわけではないのです。

企業の「求める人物像」は参考程度でかまいません。等身大のあなたが、本心から自信を持っていることを、礼をわきまえつつ堂々とアピールすればいいのです。

1-8 良かれが逆効果②「志望動機」

成長への前向きな姿勢をアピールすれば評価されると考えて、**「自己成長」**や**「キャリアアップ」**というフレーズを含めて志望動機を語るケースも、大変増えています。

ある調査によると、応募書類も含めた就活選考上で、一番使用されるフレーズが、

「自己成長」

だとか。

その背景にはきっと、この考え方があるのでしょう。

特に即戦力性を備えていない普通の学生にとって、潜在能力、将来性を感じさせる「自己成長」アピールは非常に有効です。

ただし、

「〜〜の理由から御社を志望していて、御社の仕事を通して自己成長していきたい！」

といった、自分だけに照準が当たった志望動機はＮＧ。

「ウチ（当社）は、あなたの自己成長のためにあるわけ？」

と、面接官に失笑されてしまいます。

ここは「自己成長」を応募先企業への貢献につなげて話さないといけません。**「自分が成長することで会社の発展にもつながる」**と、必ず自分の成長と会社の発展・成長を関連付けるようにするのがマストです。

「社会貢献」に要注意

自分本位とは逆の、献身性をアピールするケースもよく見ます。

「〜〜の理由から御社を志望していて、御社で働いて社会貢献していきたい！」

「地元企業である御社で頑張って働いて、地域貢献したい！」

と、「社会・地域貢献」を盛り込むケースです。

社会や地域に尽くす想いが好印象につながると考えて、この「社会・地域貢献」を志望動機の中に盛り込むのでしょうが、これもきちんと伝えないと墓穴を掘る危険性があります。

企業は利益を追求する組織であって、儲けることが最優先。「社会・地域貢献」の重要性は理解していますが、企業にとっては二の次です。ここをちゃんと理解している旨を伝えたうえで、「社会・地域貢献したい」につなげないとNGです。**企業の目的を理解していない人、あるいは慈善事業には価値を認めるが利益追求を蔑視する人と見なされかねません。**

たとえば、自分が働くことで会社の収益が上がる、それによって税金を多く納め、新しい雇用も生まれる。これが私の考える「社会・地域貢献」であるといった説明を入れて、その会社で働くことと「社会・地域貢献」を関連付けることが重要になります。

1-9 良かれが逆効果③「ガクチカ」

よくあるケースですが、たとえば多くの部員がいるオールラウンドサークルの幹部や役職を務めている場合。大半の就活生は、「サークル活動を頑張った」の後、「大所帯の重要ポストを任されている私ってすごいアピール」をします。

しかし聞かされた面接官の本音は、

「しょせんお遊びサークルでしょ。人数も水増ししているかもしれないし、活動内容もよくわからないし、それの役職自慢されてもね。こっちが感心するとでも思ってるのかなぁ、やれやれ」。

また、例えば○○コンテストでの優秀賞などを獲った場合。この賞の素晴らしさと、「獲った私はすごいアピール」をしてしまいます。面接官の本音は、

「へぇ、そうなの。賞のすごさは何となくわかったけど、それって、あなた一人だけがすごいの？指導した先生やサポート、使った道具や金額も影響してるんじゃないの？」。

即戦力性を備えていない学生に対して面接官が感じ取りたいのは、

「当社に入社した後に伸びる人材か？」

「将来、当社に貢献してくれる可能性が高い人か？」

という潜在能力、将来性です。

サークルの重要ポジションに就いている、誇るべき受賞歴があるから「私ってすごいでしょ！」ではなく、

・**そこでどう頑張ったか**
・**そのためにどう努力をしたか**

を、ちゃんと伝えないと、面接官には全然響かないのです。

ウケ狙いや「映え」は不要

「アルバイトやサークルだと平凡すぎて他の人とかぶるから、少しでも目立つ変わったことを言わなければ」と思い込んでいる就活生も本当に多いです。

たとえば、

「友達と富士登山を企画し、励まし合って頑張り、ご来光を見た時は最高でした！」という回答。

このような単発のイベントは、千日を超える学生時代の中では短かすぎるため、適していません。

また、山岳系サークルの所属ならまだしも、目的もわかりづらく遊びの延長、思いつきの域を出ません。

「なぜ富士登山？　学生時代に頑張ったこと、他にないの？」

と、訝しく思われること必至です。

このような単発・短期でインパクト狙いととられるものだと、ライバル達に差をつけるどころか逆効果です。それよりも、アルバイトやサークル、大学の勉強といった**ありがちな内容でも、継続性のある取り組みを語る方がよっぽど、面接官が知りたい、潜在能力、将来性を伝えられるのです。**

Column 1

面接官が避けたいのは、どういう事態？

実際には、就活生が出会う面接官の所属は、圧倒的に人事部門が多いでしょう。

人事部門の中でも新卒採用を担当する社員は、**「毎年の採用予定数を確保する」**というノルマがあります。もちろん、新卒予定者なら誰でも良いわけではありません。少子化の影響もあり、自社に合った人材を目標の数集めるのは年々難しくなってきていますが、ノルマを達成しないと、**未達の責任が問われます。**

もう一つ、「入社3年で3割が辞める」という統計が表すように、**短期離職が多いと責任追及の対象になります。**新卒採用を実施する会社には、給与を支給しながら、まったく未経験の学生を、いわば「稼ぐ力ゼロ」から一人前の戦力に育てようとする高い意欲があります。

その意欲ゆえに、安くない投資をしているわけです。一人前になる前に辞められると会社にとって大きな損失となるのです。

これは「ミスマッチ」が主な原因ですから、会社側もインターンシップやセミナー、説明会などを積極的に開催して会社のことを理解してもらい、ミスマッチを極力防ごうとしています。しかし、それでも短期離職者はなくならないのが実情です。

もちろん、ミスマッチによる早期退職は皆さんにとっても不本意でしょう。避けるため、業界研究、企業研究を徹底的に行って下さい。

面接官が「志望動機」「入社意欲」等をあの手この手で聞いてくるのには、こういう背景もあるのです。

STEP 2

「ネガティブ要素」は、こう言えば受け入れられる

2-1 「メンタル休学」でも受かる人、落ちる人

ストレス社会の現代、メンタルに支障をきたしている人は珍しくありません。そして心療内科を受診していて薬を服用しているという学生も一定数います。

今は症状が良くなくて、まだ就活に取り組むのは難しいとの医師の診断が出ているため、休学などの仕組みを活用している学生もいるでしょう。

こうした「メンタル休学」期間について、

「この間、何をしていたのですか？」

と、必ず面接官に聞かれます。

正直にありのまま答えるか、違う内容にするのが良いか、迷うところでしょう。

前者だと、たとえば、

「うつ病を患い、この間は主治医の指導に基づき、向精神薬を服用しながら、早寝早起きや軽い運動などを徹底し生活習慣を改善していました。今では寛解状態になり、薬の量も減りました」

と、伝えることになります。

後者だと、

「実家の経済状況が悪化し、学費を自分で賄う必要が出てきたためバイトに専念していました」

といったように、メンタル疾患には一切触れず、いわば嘘を突き通すやり方になります。

どちらも「これで必ず受かるか」という点では、厳しいと言えます。

そこで、このような構成をおすすめします。

「こういったことがあって、心身共に疲弊していた」

↓**「このまま大学生活を続け、就活に臨むのは正直、難しいと感じた」**

↓**「両親とも相談した。『長い人生、立ち止まることも大事で、今は充電期間としたら？』と言われ、それに従った」**

↓**「この間は心身に無理のない範囲で、こうした取り組みもしていた」**

↓**「今は無事に回復し、大学生活を続け、就活にも何ら支障がない」**

2-2 「NNT（無い内定）がバレたら不安」

就活スタート時は、まだ誰も内定を持っていませんが、選考が本格化してくると、内定を持っていないことに焦りを感じる就活生が毎年一定数います。

同じゼミやサークルの友人が内定を得始めると、焦りは加速。「私なんて就活市場で価値がないんだ」と取り違えて卑屈になる人もいます。

確かに、即戦力性を備えた人なら、インターン先を含め複数の人気企業から内定を得ているケースも多いでしょう。ただ、就職するのは1社です。人気企業だからといって、そこで働くことがその人にとって本当に良かったのかは、相当の期間働いてみないとわかりません。

NNTだからと卑屈になり「私なんて入れるわけない」と就活自体を止めてしまうとか、内定の有無を聞かれた際、不利になるからと、「はい、同業他社のA社から内定を頂いております」と嘘をつくのは絶対にNGです。

嘘はバレる

面接官もNNTな状態にある就活生が一定数いるのはちゃんと理解していますし、そもそも内定の多さをPRしてほしいわけではありません。

面接官が内定の有無を尋ねるのは、確かにその学生の就活市場上の評価を知る目的もありますが、

あくまで参考程度です。回答は、「当社に合うか？」を総合的に判断する一環の、ごく一部の情報でしかありません。

「現時点でＮＮＴなんて、他社も見送ったような人は、当社でも即不採用」なんてことは、一切ありません。

だからこそ、内定の有無に一喜一憂せず、まず目の前にある、自分がやるべきことに集中すべきです。

就活自体を止めたり、ごまかしたり嘘をつくのは絶対にご法度。

ＮＮＴだからこそ、より真剣に全力で就活に向き合ってください。

きちんと正しいやり方で就活に取り組めば、必ず内定は獲得できると断言します。

そのための方法を、この本で紹介していきます。

2-3 誇れる「ガクチカ」がない！

コロナ禍により、学業も含めリアルな活動がすべて禁じられたため、「ガクチカ（学生時代に力を入れたこと）」を聞かれても、自信を持って回答できるものがない就活生はたくさんいました。

サークルや部活動は時期（1年次の春）を逃すと入るのが難しいし、学生のアルバイト先の王道である飲食店も自粛を余儀なくされたコロナ禍真っ只中では、今まで通りの「ガクチカ」をつくることができなかったのは周知の事実です。

その代替として、「オンラインで仲間と協力して、こうしたアプリを開発した」といった「ガクチカ」が急増しましたが、類似の回答が頻発したため採用人事には響かなかったケースもあったようです。

筆者の個人的な見解ですが、そもそも自制自粛の強要により、学生が何かしらの活動をする機会を失っていたのですから、この時期に企業側が今まで通り「ガクチカ」を聞くのは野暮だったと思います。

なくても就職できる

「ガクチカ」が乏しかった背景は、企業側も充分に認識していました。

リアルに戻りつつある中で、「すべてはコロナのせい」は既に通じず、「ガクチカ」が再び問われています。

なお、サークルもアルバイトも学業もすべて中途半端だという人は毎年一定数いますが、そうした人は誰も就職できていないのでしょうか？

違いますよね。そのほとんどが社会人となってバリバリ働いているはずです。

「ガクチカ」の回答ノウハウは後述しますが、定番のサークル、アルバイト、ゼミ、学業、ボランティアなどで良い回答が思いつかない場合、たとえば趣味や友人との親交、家族との関わり方といった一**見売りになりそうでない取り組みを持ち出すのも、実は効果的な一手**なのです。

私には「ガクチカ」がない、だから就活がうまくいかないんだと頭を抱えるのではなく、特段売りのなかった、多くの先輩達もちゃんと新卒入社できて、現場の最前線で一生懸命に働いている事実に目を向けてください。

2-4 インターンシップの経験が少ない

入社後のミスマッチを防ぎたい、早めに優秀な学生にツバを付けておきたい等の目的から、インターンシップの開催が盛んです。

いろんなタイプがありますが、選考直結型は、そもそも参加していないと選考してもらえないので、参加必須です。

選考とは一切関係がないものもあります。

後者でも、仕事の経験の乏しい学生がリアルに就社体験、就業体験を得られるという意味で、インターンシップは就活上、参加しておいて損はないイベントです。

しかし、そもそも参加したことがない、ワンデーのものに1回参加しただけ、意中の企業ではない地元の中小企業のものに参加しただけ、という学生もたくさんいます。

こうした場合、どうすれば良いのか？　気になりますよね。

今やれることは？

多くが働きたいような人気企業となると、その参加できるチケットを入手するにも選考があって一苦労です。ここから既に本格的な選考が始まっていると言えます。

採用直結型は別として、当社のインターンシップ参加は選考に影響しない、させないという企業が非常に多いです。実際に企業はそのように徹底しているのでしょう。

ただ、たとえば、

「貴社のインターンシップ参加時に、先輩社員の山田様より、『弊社はこういった点がライバル社に比べて劣っているが、逆に考えると伸びしろでもある。今、若手中心のＰＪが発足して～』という話を伺い、ぜひ私も貴社で働きたいと思いました」

といった具体的な話をエントリーシートに書いたり、面接で話したりすると、未体験の学生と比べて訴求力が格段に強くなります。

今からでも大丈夫。意中の企業での参加チャンスがあるなら申込みしましょう。

参加経験がない、乏しい点を自身でネガティブにとらえているなら、業種業態に関わらず参加することです。

就活に有利か不利かだけでなく、やはり実際に仕事を体験しておくのは、今後働いていく上で大きくプラスに作用します。いったんどこかに入社したら、インターンなど当然できません。オフィスに入ろうとしても警備担当者に止められて終わりです。

外部の人は原則入れない社屋の中に入り、社員と同じ空間で実務を経験できる。学生だけに与えられた、まさに特権です。強く推奨します。

2-5 OB・OG訪問をしていない

OB・OG訪問は、かつてのコロナ禍中とは異なり、できる環境が充分に整っています。していないと不利になるのか？　とよく聞かれますが、これを応募条件としている企業は皆無でしょう。逆に、選考前に差を付けさせないために、OB・OG訪問自体を禁止している人気企業もあるくらいです。結論として、就活上マスト、不可欠ではありません。

ただ、実際にその企業で働く先輩の生の声を聞いておくのは、今後の就活において非常に有益に働きますから、やれるならやりましょう。

今はSNSで簡単に意中の人とつながれるし、大学のキャリアセンター等を通じて紹介してもらう方法もあります。

「本命以外はテキトー」

すべての就活生が第1志望の企業から内定を得るなんて、100％あり得ません。むしろ志望していた業界や企業と違うところに進む人の方が多いでしょう。

そういう背景を知ってか知らずか、業界・企業研究も熱心ではなく、そもそも何も準備しないでとりあえず応募だけしてみるという人も少なくありません。

結論から言うと、応募するところに関しては、**本命と同じくらいの熱量をもって業界研究、企業研究をして、実際に自分が働くことを意識して選考に臨むべきです。**

就活で最悪のシナリオは、「どこからも内定を得られず、卒業しても働く場所がない」です。本命だけに固執せず、幅広く業界、企業を見るべきです。

運よく本命で働くことになったとしても、その後のその人のキャリアや人生が成功と保証されたわけではありません。単に「就活はうまくいった」だけのことです。

就活に真剣に取り組む間に本命が変わるケースは、珍しくありません。バイアスをかけずに、すべての応募先に真剣勝負で臨んでください。

2-6 2年以上浪人・留年・フリーターしている

半年や1年といった短期でなく、2年以上の大学受験浪人や留年を経験しているという人も一定数います。

少し前は、こうした学生を除外する応募条件を課していた企業もありました。しかし今ではダイバーシティや若手社員の不足などが背景にあり、そうした傾向は稀有になってきています。また、今では「第2新卒」も一般的に許容されています。

したがって、応募条件で対象外となっているならともかく、あまり気にしすぎず普通に就活に臨めば大丈夫です。

なお、

「大学入学までに、なぜそれだけ年数がかかったのか？」

「留年を凝り返した理由は？」

は、ほぼ100%聞かれます。きちんと回答を用意しておきましょう。

学歴コンプレのある人へ

何かにつけて「私はFランだから」と、学歴コンプレックスがひどく、就活がうまくいかないのもそのせいにする人がいます。

確かに偏差値の高い有名大学生の方が、就活では有利に働くシーンが多いのは事実です。たとえば総合商社員の出身はこうした大学に偏っていて、その他の大学が入り込む隙は、なかなかありません。

とはいえ、大学や学歴を問わない採用方針を打ち出して実行している東証プライム企業もたくさんあるのです。

通っている大学は、受験し直す以外、変えられません。

学歴コンプレックスに頭を悩ませている暇があったら、これから自分の力で変えられること、インターンシップやOB・OG訪問などに積極的に参加して、その行動量を就活上の売りとしてPRできるくらい頑張ってみることをおすすめします。

「変えられることに集中し、行動できる」

——3年もたてば、こういう人の方が、生半可な一流大学卒より、よほどデキる社会人になっているだろうことは、多くの新入社員の「その後」を見てきている面接官が一番よく知っているはずです。

2-7 見た目、話し方にコンプレがある

・あがり症で、緊張するシーンになると赤面してしまう
・背が低い／高い
・太っている／やせている
・ブサイクだ／いちいち「美人」・「イケメン」と言われるのがイヤだ
・つい方言が出てしまう

など、コンプレックスを長年抱えていて、就活でも不利に働くのではないかと不安がる人がいます。

人間は、誰でも何かしらのコンプレックスがあるものです。これから初めて就活に向き合うとなると、こうした要素がマイナスに働くのではと不安視するのは、自然なことかもしれません。

ここも、今から変えられるものと、そうではないものとの2つに分けて考えます。

たとえば人前で話すのが苦手、あがってしまうというのは、**慣れることで克服できます。**

今の学生はこういった機会があまりなかったと推測されますので、ゼミの発表会などで発表者を買って出て、場数を踏むようにしてください。

次に体型について。身長は伸ばせませんが、ダイエットは今日からできますね。

身長で採否が決まるわけではありませんから、**低い・高いも自分の個性、特徴だと思って、萎縮せず堂々とふるまってください。**身長そのものよりも、この「堂々としているか」「おどおどしているか」の方が、よほど相手に伝わる印象としては大きいことを、忘れないでください。

「ブサイク」も同じです。顔面偏差値で採否が決まるわけではありません（そんな会社があったとしたら、入りたいですか？）。

今までは無頓着だったかもしれませんが、男性ならこまめにカットに行き、髪だけでなく襟足なども不潔感がないように気を付ける、ヒゲを毎日剃る、眉毛を整えるなど、グルーミングに取り組みましょう。できる大人は多かれ少なかれ、気を配っています。

言うまでもありませんが、鼻毛が飛び出しているのは論外です（毎年、残念ながらよく見ます）。月に1度の散髪だけでは、ケアしきれません。電動の鼻毛カッターはさほど高価ではありません。これを機にツールを揃え、習慣にしてしまいましょう。

女性も、就活メイクをマスターする等は必須です。

清潔感やビジュアル力がアップすれば、自信も湧いてきて、好感度もアップしますよ。

話し方も同じです。方言がキツすぎて話がまったく通じないレベルなら別ですが、多少方言が混ざるくらいなら個性として微笑ましく見てもらえることでしょう。

最悪なのは、コンプレックスを理由に行動しないこと。

就活は、今からの行動量でこうしたネガティブ要素を挽回できる闘いです。ぜひ具体的に行動に移してください。

Column 2

同じ内容でも、評価される回答と、されない回答がある

オールラウンドサークルでの活動内容を語るとします。面接官はどちらに高評価をつけるでしょう？（解説は「Column3」）。

①「大学3年次に、サークルの年中行事である『お花見企画』の副責任者として新入部員の勧誘と既存の部員同士の親睦を図ることに尽力しました。100人以上が集まる、学内トップクラスの規模です。責任は重大で、当日の場所取りの指示や飲食物の買い出しなどを行いました。

途中で飲み物が不足するハプニングもありましたが、何とか無事終えられ、達成感は格別でした。この経験で培った企画力とリーダーシップで貴社に貢献できます！」

②「大学3年次に、サークルの年中行事である『お花見企画』のスタッフになりました。

ちょうど2年前、友人も知り合いもまったくいない状況で、このお花見に招かれて先輩達に優しく接していただき、大学生活を楽しくやっていけると安心したのを思い出しました。この経験から、同じ不安を抱える新入生に優しく接するよう、2年生にもお願いしました。

当日、当時の私と同じ不安を抱える新入生達にシラバスの見方やキャンパスでの過ごし方の注意点などをお伝えし、『今日、参加できて良かったです』と感謝の言葉を多数もらいました。

この経験を通じて、相手の立場に立って考え行動する大切さを実感できました」

STEP 3

ツボをつくために必須！面接の裏側を知ろう

3-1 コミュ力があれば一流大生に勝てる

超エリート学生であっても、面接においてディベートのごとく面接官に厳しく詰問したり、論破するトークをしたらどうでしょう?

間違いなく面接官の心証は悪いですよね。

どんなに優秀だったとしても、このようなやり取りを繰り返したら「一緒に仕事をしたい」「当社にピッタリだ!」とは思われないでしょう。

実はこのような**ディベート的論破行為は、「できる学生」によく見られるケース**なのです。自分に過度な自信があるから、このような罠に陥ってしまうのでしょう。

これを反面教師とすれば、どのような面接戦略に基づき、面接で何を伝えればよいかが自ずとわかってくるはずです。

学業と「就活力」は別物

大学の成績が優秀でも、面接官は、「それが当社で役立つのか?」という視点で見ています。

そもそも、「大学の勉強なんて当社ではまったく通用しない、ましてや文系学部の勉強なんて」と思っている面接官は多いです。

学業の優秀さで決まるなら、選考に入る前に大学の成績証明書を提出させれば良いでしょうが、そんな企業はレアです。

それよりも重要な評価ポイントとして、今どの企業でも「コミュニケーション力」を求めています。あるアンケート調査よると、企業採用選考に当たって最も重視している点は、「対人コミュニケーション力」となっています。

筆者が就職活動をサポートしている中に、東大、京大、一橋、早慶といった一流大学に通う大学生も多数います。彼らは一様に面接が苦手で、「書類選考は通過できても、そこから先を勝ち抜けない」と、私のところに駆け込んできます。

一方で、いわゆる**Fランク大学生でも、バンバン内定を獲っていく学生がいます。**

その差は何か？

答えは「面接の場で発揮できるコミュニケーション力」（＝面接力）です。

一流大学の学生だろうと、学業が優秀だろうと、面接の場でうまくコミュニケーションがとれない学生は、「不採用」なのです。

3-2 ESや動画と同じでいい？

先に提出しているES（エントリーシート）に書いた内容とズレてはいけないと、一言一句暗記し、抑揚なく淡々と話す人がいます。

事前準備は大事ですが、書いてあることは読めばわかりますし、面接官が本番前にきちんと目を通している場合も多いです。

限られたスペースに書き切れなかったことがたくさんあるはずです。面接官は、読めばわかる内容をもう一度聞きたいわけではありません。

基本的には、ESで書いたエッセンスはそのままにしつつ、詳細を自分の言葉で語るのが効果的です。

「深掘り」や「違うエピソードを持ち出す」方法も

たとえば、自己PRを聞かれたとしましょう。

ESで「粘り強さ」をアピールしていた場合、**裏付けるエピソードを、ESとは違う話を持ち出して補強する**やり方があります。

ESに沿って自己PRした後、

「ESでは書けなかったのですが、高校時代の部活でもこの強みを発揮して、日々の練習に励むことで、3年生の時に県大会に出ることができました」

と、持ち出すのです。裏付けるエピソードが多ければ、セールスポイントが確かに備わっていると、面接官は納得を深めていきます。

また、**「あえて違う自己PRをする」**という高度なテクニックも「あり」です。

「ESでは『粘り強さ』を記入しましたが、せっかくの面接の機会ですので、同じくらい自信がある、もう一つの『行動力』について説明いたします」

と、違う自己PRを展開するのです。

つまり、ESの内容をなぞるのはもったいないし、能がない。即戦力性を備えていない人ほど、こういった工夫で、少しでもライバル達に差をつけることが大事になってきます。

3-3 説得力を持たせる「2つのコツ」

権威を使う

「医師がすすめる○○法」

「弁護士が実践している△△テクニック」

といったコピー、皆さんも一度は目にしたことがあると思います。

医師や弁護士というオーソリティ（権威者）の名を借りて信用度を高めて商品を売るのは、マーケティングの世界では常套手段です。日本人が権威に弱いことを最大限に利用しているのです。

これを面接シーンに置き換えてみると、百戦錬磨の面接官でも、

「きょう面接に来る寺島さんは、うちのお得意・△△社社長のご子息」

と聞いた途端、間違いなく普通の学生とは接し方が変わることでしょう。

この人間心理を、ぜひ面接で活かしてみましょう。

といっても、「私は社長の遠縁だ」とか、「父親が○○大臣」といった、大半の人には縁遠い話ではなく、**少しでも権威者から認められている点をPRする**のです。たとえば、

「お前は几帳面だな、と大学の友人からよく言われます」を、

「内藤君は作業が正確でミスがまずないと、ゼミの教授から評価頂いています」

と改良します。

同じ内容でも面接官の受け取り方がまるで違います。

大学教授、アルバイト先の店長、サークルの顧問といった、皆さんがふだん接している大人、権威者の言葉を借りて、説得力を持たせてください。

2つ以上のエピソードを積み重ねる

もう一つのコツです。

先述のＰＲＥＰ法でも触れましたが、Ｅ（example＝例）を複数用いた方が、話に説得力が出ます。

１つだけだと「単なるラッキー、偶然では？」と面接官に訝しく思われることがあるからです。

「頑張った結果、〇〇賞を頂くことができました」よりも、

「頑張った結果、〇〇賞だけでなく、△△賞や賞も受賞することができました」

の方が、伝わり方が強いということです。

もう少し具体的に言うと、継続力アピールなら、

「サッカーは10年、アルバイトは入学してから今まで、ピアノは16年続けており、一度やると決めたら最後まで続ける継続力には自信があります！」

と、複数の継続実績を盛り込むと、サッカー、アルバイト、ピアノを個別に切り離して伝えるよりも説得力が出るということです。

3-4 面接官を飽きさせない「長さ」に！

「質問に対して、どれくらいの長さで話せばいいですか？」

――毎年、就活生から多く寄せられる質問です。

質問にもよりますが、絶対的な正解はないのが本当のところです。

もちろん端的にポイントを押さえて話すのは必須です。

しかし**無理に1分以内になど、世に出回っている誤った就活テクの型にはめる必要はありません。**かえって不自然な印象を与えてしまいます。

面接は会話、コミュニケーションですから、面接官とのやり取りの中で判断していけばいいのです。

臨機応変に

たとえば、「大学時代に頑張ったことは何ですか？」との質問に、

「～というサークル活動です」

と回答すると、間髪入れず

「具体的にどう頑張ったの？」

と、短く切って突っ込んでくる面接官もいます。

一方で、質問した後は何のリアクションもせず、その後の話をずっと待っている面接官もいます。

それなので、ここはあまり難しく考えず、面接のやり取りの中で、短く切って話す方がいいのか、それともちゃんと最後まで話す方がいいのかをつかんで、臨機応変に回答すればいいということになります。

「その見極めが難しい」と言われそうですが、前者の「短く切って突っ込んでくる面接官」の方が少ないので、

「〜〜というサークル活動です。これは〜〜」

と結論を先に言った後に、続けて話を展開しておけばいい。**通常のやり方で話を遮ってくるようなら、短く切ればいい**だけのことです。

なお、既述の**ＰＲＥＰ法をすすめているのは、この時間調整の対策に適していることも、理由の1つです。**

Ｐ（結論）とＲ（理由）のパートは普段どおりに話して、Ｅ（例）でエピソードを複数述べたり、端折ったりして、ボリュームを柔軟に調整できるのです。

短く切って突っ込んでくる面接官にも対応できます。

たとえば、Ｐ（結論）で遮られたとしても、その後にＲ→Ｅ→Ｐの順で話せばいい。ここでもまさしくＰＲＥＰ法の特長が活きてくるのです。

3-5 「評価誤差」を有利に活かそう！

面接官だって人間ですから、評価に狂いはどうしても生じます。

筆者がマンツーマンでサポートしていた就活生が、「後日、採点結果を知らせる」というルールの某団体の面接を受けた時のことです。

A～Eの5段階評価のうち、同じ面接に立ち会った面接官2名の評価が、一人はA、もう一人はDと、大きく乖離しました。

企業は、面接官役を担う社員向けに、事前に研修を受けさせたり、面接評価シートを用意する等、評価の標準化・公平化を図っていますが、人がやる以上、主観に基づく評価を完全には排除できないのです。

有利な活用法

就活面接で最も起こりやすい評価誤差に**「ハロー効果」**というのがあります。

これは評価対象となっている事実ではなく、就活生の印象や特定の事実に左右されることで生まれる誤差です。

たとえば一流大学の学生だったり、体育会で活躍している学生の場合、業務遂行能力が高いと思い込んでしまうのです。「受験勉強ができた」「アスリートとしてすごい」は、仕事ができることとは直接は関係がないのに、です。

よくあるもう一つの評価誤差として、「明朗活発な人はコミュニケーション力にも長けている」と評価してしまうなど、異なる評価項目を同じように評価してしまう**「論理誤差」**があります。

明朗活発でもコミュニケーション力は低いケースはいくらでもあります。明るく元気でおしゃべりだけど他人の話をきちんと聴けない人……あなたのまわりにも一人はいるでしょう？

「明朗活発」と「コミュニケーション力」は、同じ評価項目ではないのに、このように混同、勘違いしてしまうわけです。

筆者は面接練習の際に、

・服装・髪型といったビジュアル面
・声の出し方
・入退室の動作、イスの座り方

など、回答内容以外も、かなり突っ込んで細かいところまで指導しています。

これらは面接の本質ではないはずですが、**ビジュアルが良かったり、動作がキビキビしていたり、声が大きかったりすると、良い方に評価してくれる**ことを経験上、熟知しているからです。

本書でも好感度を上げるノウハウをいくつか紹介していますが、この一環です。

評価誤差を自分の味方につけるように、工夫していきましょう。

3-6

アピールすべき「売り」とは？

巷にある「就活テク」によると、以下だそうです。

「今、どの企業もコミュニケーション力や論理的思考力を求めている。だからこれらをアピールしなければならない」

また別のものだと、

「これからのビジネス社会では、リーダーシップが一番必要とされる。だからサークルの幹事でもゼミのグループ長でもいいので、アピールすべきだ」

と、あります。

「体育会ラグビー部主将として全国大会優勝に導きました」といったレベルの、面接官が唸るような「売り」があるならともかく、このような「誤った就活テク」を真に受けて、

「コミュニケーション力とリーダーシップには自信があります！」

と宣言してしまう。

「それならば」と、想定外の難しい質問をバンバン浴びせられて、アドリブの利かない回答を連発し撃沈といった事例が後を絶ちません。

これではまったく逆効果ではないでしょうか？

「自分のことをわかっていない人」、「自分を大きく見せようとしている人」と見限られ不採用直結

です。内定を獲りたい気持ちは痛いほどわかりますが、このように「身の丈以上のアピール」をすればするほど、ドツボにはまっていくのです。

評価される「売り」は誰にでもある

とはいっても、「体育会ラグビー部主将」なんていう売りがある人は例外中の例外です。「売り」が見つからない、という人の方が多いわけですが、面接でアピールできる「売り」は必ずあります。

たとえば、学生はキャリアがまだないので、**「人柄」は重要な「売り」**です。

「一緒に働いてみたい」「当社で伸びてくれそうだ」という「人柄」をアピールできればいいのです。

また**業界研究や企業研究に人一倍取り組んで、その一生懸命な熱意を売り込む方法もあります。地味でもコツコツと続けている真面目さだって、「売り」になるのです。**

自分をアピールするのは大事なことですが、、盛ったり嘘をつくことまで面接官は求めていません。実際、毎年この手の学生が多くて、正直うんざりなのです。

これといった強烈な「売り」がないからこそ、学生らしく、誠実さや真面目さ、潔さ、一生懸命さといった、等身大の「人柄」を「売り」にして伝えることです。これが必ず適正なプラス評価へとつながっていきます。

3-7 面接で勝つ「自己分析」のコツ

必死に就活しているのに内定が獲れないと、

「自分のことをよくわかっていなかったからだ」

「軸がぶれていたからだ」

と、自己分析にのめり込んでしまう人がいます。

確かに自己分析は大事ですが、深みにはまると、

「自分って何？」

「仕事とは？　働くとは？」

と、哲学の世界に入り込んでしまいます。

自己分析のやりすぎにより、「私はこういう人間。だからコレはやらない」と、固執してしまう方が危険です。

たかだか20歳そこそこで「自分」が完成している必要はありません。逆に、凝り固まっていて入社後に柔軟に変われない人という印象を持たれると、面接ではマイナス評価につながってしまうでしょう。

他己分析に重点を

面接は相手のある行為で、面接官に評価してもらわないと勝てません。

自己分析はそこそこにして、周りからどういう印象を持たれているか、どう見られているかをヒアリングし、その内容を自分の中に落とし込む方が、面接対策としては効果的です。

たとえば、自己ＰＲ。

「私は○○が強み！」

と断言するものの、独りよがり、自己陶酔の域を出ず、周りはそう思っていないケースは、結構あります。面接でもそのギャップが現われ見透かされることになります。

実は、この他己分析のやり方は超簡単です。

友人や家族、アルバイト先のスタッフなど、周りの人に、あなたの良い点、悪い点（改善した方がいい点）を率直に教えてもらえばいいのです。

そのヒアリング後、自分がアピールしようとしていた内容や長所・短所といった自己分析の結果と照らし合わせます。

自己分析と他己分析が一致しているところは、間違いないとしっかりと自覚すればいいし、ズレがあれば、「このズレは何なのか？」と、原因を追究しておきます。

こうすることで、面接官から見ても違和感のないアピールや表現ができるのです。

3-8

面接で勝つ「企業研究」のコツ

ネットで何でも手に入る今だからこそ、リアルな「企業研究」が非常に大事になってきます。

「企業研究」は鉄板質問の「志望理由」に直結します。

「御社のホームページを見て、御社の掲げる経営理念に共感できたからです」といった**抽象的なものや、就活掲示板から拾ってきた先輩の志望理由をアレンジしたようなものは、毎年何度も何度も聞かされていて、面接官はうんざり**しています。

説得力のある「志望理由」を作成するためには、ネットの情報よりも**リアル体験**を重視することが重要なポイントになります。

リアル体験はどう積めば良い？

まず、会社説明会やセミナーには可能な限り参加してください。

もちろん、ただ参加して情報収集すればいいというものではありません。参加前にホームページを見るなどをして予習し、必ず質問を用意して臨んでください。

会社説明会では必ず質疑応答のコーナーがあります。積極的に質問しましょう。

実は**質問者をチェックしていて、評価につなげている、という企業もあります。**

そうでなくても、人事担当者の印象に残ります。

自分の知りたいことを聞けて、自分の存在をアピールできる、さらに、会場にいるライバル達を威嚇できるという「一石三鳥」です。**「必ず質問する」と決めて、取り組んでください。**

次にOB・OG訪問も積極的に行いましょう。

実際に働いている社員の方々から生の話を聞くと、志望理由を考える上で最大の武器になります。

実践している就活生は意外に少ないのです。

大学によっては、個人情報保護を理由に紹介しないところもあります。

だからこそ、SNSを含め何とかツテを辿って志望する企業のOB・OGに会う、という自主的な動きは、「行動力」もアピールできるのです。

これも「必ずやる」と決めて、取り組んでください。

3-9 「集団面接」は準備できる質問が9割

個別面接は、面接官が1～4人位に対し、面接を受ける学生は1人です。
集団面接は、複数の就活生が一堂に会し、横一列に並ばされて面接を受ける形式です。

就活生の数は2人から6人位まで。面接官は1～3人位が一般的です。
質問はガクチカ、学業、自己PR、志望動機といった定番ものがされる傾向にあります。

皆に均等に同じ質問がされますが、回答順は右から、左から、挙手順と様々です。
所要時間は企業や当日の参加者数によって変動しますが、15～30分前後と見ておいてください。

重視される3ポイント

集団面接は**相対評価**になりますから、並ばされた学生達より高評価を受ければ選考通過となります。
ただ、時間制限があり、その中で公正公平さを重んじるため、個別に突っ込んだやり取りはできないのが集団面接の特徴です。つまり、就活生の回答に対して面接官が深く突っ込めないということです。

そこで**定番の質問に対する回答をしっかり準備する**のはもちろんのこと、**笑顔で元気よくハキハ**

キ話すといった、面接官に好印象を与える動作に全力で励むべきです。

というのは、集団の中で萎縮したり、逆に必要以上に長々と話す人が多いのです。

毎日、似たような多くの就活生をさばかないといけない面接官にとって、「笑顔で元気よくハキハキ話す」という所作ができる人は、就活生が思っている以上に、印象に残ります。

そして、

「そうした学生には、他の学生よりも高評価を下したい」

と、思っているのです。これが面接官の本音です。

集団選考で重視される3つ、
①礼儀・マナー
②外見・ビジュアル
③コミュニケーション力
を鍛えて集団面接に臨みましょう（詳細は拙著『面接官が本音で教える集団面接・GD（グループディスカッション）完全対策マニュアル』参照）。

3-10 GDで「論破」より評価されるポイントは？

ＧＤ（グループディスカッション、集団討論）は、複数の就活生が会議テーブルに向かい着席し、与えられたテーマに沿って議論を交わすのが最もオーソドックスな形です。

グループを、だいたい4～8人位で構成します。

出題されるテーマは、

「理想の上司とは？」

「営業に必要なことは？」といったオープンなものや、

「終身雇用制度の是非について」といった二者択一的なもの、

「健康、愛、家族、仕事、趣味、金の中で最も大切なものを3つ選び、その理由を考えよ」と優先順位をつけるもの、

といったように、形も内容も多種多様です。

所要時間は、企業や当日の参加者数、テーマによって変動しますが、本筋の議論だけでなく発表や振り返りの時間を含めて、およそ1～2時間と見ておいてください。

一見地味でもしっかり評価されるポイント

集団面接と同様、相対評価です。グループ内のライバル達より高評価なら受かります。

評価される代表的な行動として、「論理的に説得性をもって自分の意見を伝える」がありますが、もちろんこれだけではありません。

- **他の学生に発言を促した**
- **議論をあるべき方向に導いた**
- **論点を整理した**
- **対立する学生の仲を取り持ち議論を前進させた**
- **反対意見を、きちんと受け止めた**
- **他者の意見に共感したことをしっかり伝えた**

なども、充分に評価に値する行為なのです。

急造で企業に求められるタイプになるのは、まず無理です。

また、同じタイプばかり求めている企業などないでしょう。

無理や背伸びは見透かされます。自分に合ったやり方で臨む方が受かりやすいと言えます。

応募者多数の人気企業、有名企業では、集団面接、ＧＤ（グループディスカッション）といった集団選考は、ほぼ１００％課されると見ておいて間違いありません。つまり、これらを突破できないと、あなただけに注目が集まる個別面接までたどり着けないのが実情です。個別面接と同様に対策が必要になります（ＧＤについても、詳細は拙著『面接官が本音で教える集団面接・ＧＤ（グループディスカッション）完全対策マニュアル』参照）。

Column 3

PRするのは、そこではない

「コラム2」の①②は、サークルでの同じ活動内容を語ったものですが、面接官が知りたいことに答えているのは、どちらでしょうか？

サークル、アルバイト、ゼミ、すべてに共通しますが、自身の取り組み、活動、行動を通じて、「どのように考えて、どのように行動したか」、その詳細を話してもらうと、面接官はその人の人柄、パーソナリティ、行動特性等を知ることができます。

これが、最も知りたいことなのです。

規模の大きさやポジションの重さをPRする①にあまり意味がないのは、いくらそこをPRされても「最も知りたいこと」がまるで伝わってこないからです。

平たく言えば、自慢にしか聞こえないわけです。知りたいことがあるから質問しているのに、それには答えず、自慢ばかりしてくる……これでは厳しい評価にならざるをえません。

学生レベルの「自称リーダーシップ」で「貢献できます」と断言したり、「盛る」のが逆効果なのも、同じ理由です。

「そこはいいから、こちらの知りたいことについて教えてよ」なのです。

②のように、心情を交えて語る方が得策だと心得ておいてください。

STEP 4

「マスト10質問」は、こう答えればいい！

4-1 「自己PRしてください」①「強み」の決め方

この質問に対して、

「応募企業が求めている人物像に合わせないと」、「即戦力性をアピールしないと」と、身構える人が多いようですが、回答のポイントはそこではありません。

即戦力スキルのある人は別として、学生が生半可なことを言ったところで、面接官が「この学生こそ、当社が求めていた人物だ！」などと評価することは、残念ながらありません。

それよりも、今まで生きてきた中で得た、「自分にとって自信があること」について素直にアピールするのが正解です。

「他の人とかぶりそう」、「他の人と比べて弱そう」など、他と比べる必要はありません。**「これまでの人生で培った自信」は、盛らずに率直に語れば自然にオンリーワンになる**からです。

もちろん、就活面接ですから、「言うべきこと」と「言っても無意味なこと」は明確に分かれます。**「言うべきこと」とは「自身の強み、売り、セールスポイント」です。ここは引っ込み思案、人見知り、奥ゆかしいでは勝てません。**

まず冒頭で、たとえば、

「粘り強さが強みです」

「目標に向かって地道に努力を続けることができます」

と、**結論を言ってから、「なぜ、自分が粘り強いと思うのか」を裏付けるエピソード**を語ってください。

「貢献できます」はNG

ここで1つ注意点です。この回答の最後で、

「この強みで、御社に貢献できます！」

と、自信満々に断言しないとダメだ、といった「誤った就活テク」に染まってしまっている学生が散見されます。冷静に考えてみましょう。このテク、正しいと思いますか？

本業は学生なのだから当然、ビジネス経験はありませんよね。あってもアルバイトやインターンシップレベルです。そういう存在にここまで断言されると、

「ウチに入社もしていないし、実際に仕事をしたこともないのに、何でそこまで言い切れるわけ？」

と、本業として長年、第一線でビジネスをしている面接官は首をかしげるはずです。

根拠のない断言はビジネスパーソンとしては問題があるし、ふさわしくない断言だとわからない、コミュニケーション力の足りない人と思われること必定で、この人がコミュニケーション力とか謙虚さ、傾聴力等を売りにしていたら、それこそ悪い冗談として秒殺です。それよりも、

「この強みを、ぜひ御社での仕事に活かしていきたい！」

「社会人になっても、この強みを伸ばしていきたい！」

と、働く意欲&前向きさアピールにつなげると、面接官の印象はがぜん良くなります。

4-2 「自己PRしてください」②アルバイト

それでは、具体的な回答を考えて行きましょう。

まず、アルバイトのエピソードを裏付けとして活用する場合です。


「OK！」例を見てください。

アルバイトの詳細内容ではなく、自身が味わった苦い経験から親切丁寧に後輩に教えてきた努力を語り、「面倒見が良い」ことが伝わってきます。

さらに、新人教育担当を任されるという成果に結びついているのも良いです。

最後にセールスポイントを応募企業に絡め、その企業で働く意欲のアピールにつなげることに成功しています。


OK!


「面倒見の良さが、私の一番のセールスポイントです。

これは今4年目になる飲食店の接客アルバイトで養うことができました。

先輩方は皆やさしく丁寧に対応してくれましたが、最初はミスの連続で凹んでばかりでした。

周囲の励ましもあり、徐々に仕事を覚えることができました。先輩の皆さんも、始めた当初は同じように周りにサポートしてもらったと聞き、私が教える立場になったら後輩に丁寧に対応しようと思いました。

私の下に初めて後輩が入ってきた時には、できるだけ自分の時間を割いて付き添いながら業務を教えるように努め、私が仕事を覚える時につけていたノートを新人用にわかりやすく編集して渡すという工夫もしました。

これらの取り組みが店に認められ、3年目からは新人教育担当を正式に任されるようになりました。

御社に入社が叶った場合でも、いずれは教える立場になると思いますので、この強みを発揮して貢献したいと思います」

4-3 「自己PRしてください」③サークル活動

次に、サークル活動の経験で裏付ける回答モデルを見てみましょう。

多くの人が陥るミスは、こういうアピールです。

・自分の就いた役職（副幹事をやっていた等）

・規模（１００人を超える学内最大のサークル等）

・戦績（学内リーグ戦で2位等）

・活動内容のすごさ（ほぼ毎週末合宿で練習に明け暮れた等）

ここも冷静に考えましょう。これらをアピールして、効くでしょうか？

人気企業の場合は特に、ライバルには体育会系や、本格的な部活をバリバリやっている強者もたくさんいます。それに比べると、**いわゆるサークルは「しょせん自由参加のお遊び」と思われていますから、あまり効果的とは言えません。**

「いえ、うちのサークルは本格的です」と言われても、面接官には響きません。事実であっても響かない場合、伝え方を変えるのが、上手なコミュニケーションというものです。

回答モデルを見てください。

これらのすごさアピールに陥らず、お遊びサークル活動であっても周りに流されず、いい加減にせず、真面目に取り組んでいる姿勢や考え方を説明することで、自身がアピールしている「真面目さ」を伝えることに成功しています。

OK!

「自分で決めたことに真面目に取り組めるのが、私の最大のPRポイントです。

1年次からバスケットボールサークルに入っていますが、部員が少なく、誰かが休むと事前に決めた練習メニューをこなせませんでした。

事前に練習日を告知しても、アルバイト等を優先するルーズな部員が多い中、私は現部長とともにサボらず参加していました。

自由なサークルですが、締めるところは締めないとゲーム練習すらできません。

学生時代にしかできない幅広い経験や活動をしたいため、体育会ではないサークルを選んだのは、すべてのメンバーに共通しています。自由さを守るためには、真面目さとのバランスも大事だと学びました。

メンバーからは『真面目すぎない？』と皮肉も言われましたが、この真面目さを社会人になっても持ち続け、活かしていきたいと思っています」

4-4

「自己PRしてください」④勉強

次に、「大学の勉強」の話をベースとしたケースについて考えてみましょう。

たとえば、アピールする要素を、

「計画に基づいた地道な行動力」

とした場合、よく見られるのが、

「S（秀）が何個で、A（優）が何個で、C（可）はありません」

といった、結果に偏った回答です。これでは成績自慢に聞こえます。

確かに結果がついてきているのは素晴らしいのですが、就活は成績勝負ではありません。

面接官が知りたいのは、成績そのものではなく、

「その強みは、本当にちゃんと備わっているのか？」


です。

つまり、こうした好成績を生み出す**プロセスから納得感を得たい**のです。


回答モデルを見てください。

まず、自分の今までの「無計画さ」を反省し、地道な努力の積み重ねにより強みに変えてきたというプロセスから、PR内容が確かに備わっていることが伝わってきます。

最後に、仕事をする上での計画性の重要さに触れておくことで、働く意欲も感じさせています。

OK!


「あらかじめ目標を立て、それに向けて計画的に行動していくこと。

大学生活を通じて、私はこの『計画性』に自信が持てるようになりました。

小学生時の夏休みの宿題から大学受験まで、自身の計画性の無さ、行き当たりばったりな性格のために、さんざん苦労してきました。

そこで、大学での勉強では同じ過ちを繰り返さないと誓いました。

まず、登録科目ごとに明確な成績目標を立てました。

そして、目標実現のためにやるべきことを日々のスケジュールに10分単位で落とし込み、実行に移しました。

やむをえずクリアできなかった時は翌日、遅くとも必ず3日以内には取り戻すことをマイルールとしました。

地道な取り組みですが、なんとか『卒業に必要な単位を3年時で取得』、『優と良で7割以上』という目標を達成でき、満足しています。

目標の達成には日々の地道な努力の積み重ねが大事だと学びました。

仕事をする上では、計画性は今以上に大事だと思いますので、この強みを活かして頑張りたいです」

4-5 「自己PRしてください」⑤勉強や課外活動以外

アルバイトやサークル、学業の話を裏付けにするケースが多くを占めますが、ここからは「大学の勉強や課外活動以外」の話をベースとしたケースについて考えてみましょう。

ここも他と同様に、「結果がすごい！」、「組織がすごい！」、「役割がすごい！」といった「すごいアピール」に陥らず、自身の取り組みや考え方、姿勢等でセールスポイントをしっかりと裏付ける必要があります。

回答モデルを見てください。

中学の部活のコーチという地域活動の話ですが、部活のコーチを引き受けた時の葛藤や、逃げない決心、さらには自分のやり方で現状を改善していこうとする姿から、「責任感の強さ」を伝えることができています。

大きな戦績がついてこなくても、自主的に責任感を持ってコーチ業に取り組んでいることが感じ取れます。

最後の、仕事に絡めて責任感を活かすアピールも良いです。

OK!


「責任感の強さに自信があります。

大学入学時から、出身中学の野球部のコーチを務めています。就任当初は、私の指導になかなか耳を貸さないため、正直、バイトしていた方がお金になるし、何でこんな面倒なことを引き受けたのかと悩みました。ただ、中途半端で終わるのは嫌だったので、1年間はやろうと決めました。

しかしこのまま惰性でやっても何の進展もありません。そこで私は指導方針として『命令口調』を止め『怒らない』を掲げました。野球部時代、理不尽な怒られ方には納得できなかったし、怒りで生徒を委縮させると実力を発揮できなくなり、野球を嫌いになってしまうと考えたからです。決して甘やかすのではなく、悪い行いをしたらきちんと叱るようにしています。

この指導方針により、徐々に生徒達との距離も近くなり、チーム全体にも一体感が出るようになりました。

目立った戦績はまだ残せていませんが、生徒達は野球を楽しめていると思います。

この先、仕事の中で困難な業務もあるでしょうが、この強みを活かして最後まで責任を持ってやり遂げたいと思っています」

4-6 「自己PRしてください」⑥趣味

大学の勉強やゼミ、サークル、アルバイト、地域活動、ボランティアなどの定番エピソードが、セールスポイントの裏付けに有効なのは間違いありません。

ただ、かつてのコロナ禍なら、リアル活動自体厳しく制限されていましたし、こうした取り組みをしてこなかった学生も一定数いました。

とはいえ、定番でなくても、セールスポイントをしっかりと裏付ける方法があります。

回答モデルを見てください。

趣味の話を軸にしていますが、いわゆる「つるむ」ことへの問題意識から自身の単独行動の内容を述べ、「主体性と行動力ＰＲ」を確固たるものにしています。

さらに、「友人がいない孤立した人間ではないのか？」という、**面接官に懸念される点を、先回りしてフォローしておくのも効果的です。**

OK!

「私は周りに流されることなく、自らしっかりと考え、行動に移す主体性と行動力を兼ね備えていると自負しています。

今、仲間と一緒でなければ行動できない、いわゆるつるまないと何にもできない学生が多いと感じています。

私は野球観戦が趣味ですが、一人で国内の球場に観戦に行くのは毎週のことですし、メジャーリーグ観戦のために単身渡米したことも2度あります。

友人がいないわけではありません。

気の合う仲間と一緒に球場で観戦するのは楽しいですが、なかなか予定が合わないことが多いのも確かです。

『予定が合わないから、今回は観られなくてもしかたないかな』と思いかけたこともありますが、ある時「一人であること」を「観ない」「行動しない」の理由にしているのはもったいないなと思いました。

誰かと一緒でないと動けないのでは、行動範囲は狭まる一方だと思います。

それ以来、単身でも現地に行き、周りに話しかけて現地の仲間ができ、現地のファンしか知らない情報を盛り込んだSNSを毎試合後に更新するなど、楽しく活動範囲を広げています。

これが私の最大の強みで、仕事でも周りに依存したり、安心のためにつるみすぎることなく、主体的に行動して頑張っていきたいと思います」

4-7 「自己PRしてください」⑦信条・モットー

「腰を据えた活動なんてしてこなかった。バイトもサークルも辞めたし、すべてが中途半端」という人も多いでしょう。

この場合、「自身の信条・モットー」で裏付ける方法があります。

両親からの躾や影響を受けた部活での指導などから、自分が信条・モットーとしていることを軸に、セールスポイントを裏付けていくやり方です。

単に「私には信条・モットーがある」では、思いつきレベルととられかねないので、過去の躾や指導を根拠とするのです。両親や部活の指導者との良好な関係性や、躾や指導を受け入れて自分のものにする素直さもアピールできます。

回答モデルを見てください。

幼少から家族に躾けられたモットーを掲げ、これを回答の軸に据え、電車の座席を社会的弱者に譲る行為や祖母の介護支援、急病に罹った友人の元に駆けつけた逸話など、小さなエピソードを積み重ねることで、セールスポイントを補完できています。

OK!

「幼少の頃より祖父、祖母、両親から『人の役に立てることがあれば、躊躇せずやりなさい』と言われ続けてきました。

ですので、このような場で胸を張ってアピールできる程のことではないかもしれませんが、『常に助け合いの精神を持つ。求められる前に自ら動く』ことを心がけるようにしています。

たとえば、電車でお年寄りや妊婦に座席を譲るなどは習慣的にしています。両親が共働きということもあって、軽い認知症にかかっている祖母の面倒は私が中心になって見ています。

先日、明け方に一人暮らしの友人から、すごく気分が悪いと電話があり、彼女のアパートに行き、急いで病院に連れていったことがあります。ドクターに『来なかったらどうなっていたことか……良い友達がいて良かったですね』と言われました。

人目を引くような派手なことができる能力は備わっておりませんが、人のために役立とうとする想いと行動力を、御社でも活かしていきたいと思っています」

4-8

「なぜ当社を志望しているのですか？」

「大手企業・一流企業だから」

「安定していて、長く働けそうだから」

「ホワイト企業と評判だから」

等は、本音だとしても、もちろんNG。あなたを依存させるために会社はあるわけではありません。

もちろんこれらは大事なことですが、志望動機として真っ先にこれらが出てくるようでは、頭の中が依存心だけと見られます。将来戦力になりそうだとは、面接官は思ってくれません。「やりたいこと」「自分の強みを活かして、どう貢献したいか」があれば、それを語るはずだからです。

近年多い、

「キャリアアップできる会社だから」

「御社なら社会貢献できるから」もNG。

一見良さそうですが、失笑されます。

企業は、就活生のキャリアアップのためにあるわけではありません。もちろん社会貢献も大事ですが、それはあくまでも二の次。第一義は「営利を追求する組織」だということです。社員は営利追求のために必死に働き、それにより得た収入で生活を営んでいます。営利を追求し、収益が上がった結果として社会貢献ができるわけです。営利追求についてはスルーしておいて、社会貢献という多くの社員の努力の結果である「美味しいところ」だけに目が向いているようでは、「この人は肝心の営利追求の戦力には成長しない」、「世間知らず」と失笑されるのです。

他社でも使い回せるものもNGです。必ず、その応募企業に合った、その企業にしか当てはまらないオンリーワンの志望動機を語らないといけません。

だからこそ**会社説明会やセミナー、インターンシップ、OB・OG訪問、店舗見学といったリアルな企業研究が活きてくる**のです。ネットで拾った内定者の志望動機をちょいちょいアレンジして使う学生が多い中、リアル体験を交えた志望動機はオリジナリティがあり引き立ち説得力が増します。

4つのポイント

念頭に置いてほしいポイントが、4つあります。

① 数ある業界の中で、その業界を選んだ理由
② 複数の同業他社の中から、その企業を選んだ理由
③ その企業の中で、その職種を選択した理由
④ そこで何をやりたいのか、どうなっていきたいか

たとえば「客室乗務員になりたい」といったように、まず職種ありきなら、③が先になるので、4つすべてが必須ではありません。しかし、このように階層に分けて整理しておくと、回答があいまいにならず、理路整然と組み立てやすくなるので、筆者は推奨しています。

最後は、**「一生懸命働いて、微力ながらも御社に貢献していきたい！」**と、応募企業への貢献意欲をPRして締めましょう（念のため、先述のように「貢献できます！」と断言するのはNGです）。

4-9 「なぜ当社を志望しているのですか？」（金融業界）

一口に金融業界といっても、銀行、生命保険、損害保険、消費者金融など裾野は広いです。

一方、どの企業も同業他社と同じサービス、同じ商品を扱っているケースが多いのが特徴です。**サービスや商品に多少の違いがあったとしても、学生レベルでその違いを志望動機につなげるのはかなり難しい**と言えます。

したがって他社と差別化しにくいため、使い回しのような凡庸な志望動機になりがちです。

だからこそ、使い回しでない「オンリーワン志望動機」にするには、**リアル体験**をベースに語るのが有効です。

「ＯＫ！」例は、地方銀行の志望動機です。

まず業界への志望動機をしっかり語り、その中でなぜ御社なのかを、リクルーター面談というリアルエピソードからうまく説明できています。

最後に、地方銀行と地方への貢献意欲を語って、志望動機を高めることにつなげています。

OK!

「私は今、金融業界を中心に就職活動を行っています。金融機関はあらゆる産業を資金面で支える不可欠な存在であり、融資という無形サービスを扱うので行員の力が試されるところに挑戦してみたいからです。

御行を志望するのは、御行が掲げる『もっと、地域の笑顔のために』という想いに共感するからです。御行が地域プロサッカーチームのスポンサーになられていることを知り、その地域への想いは空論ではないと感じました。

先日お会いしたリクルーターの方からも、自分の融資によって地元企業の業績が変化する様子を見て、やりがいよりも強い責任を感じたと伺いました。

行員になれたら融資に携わりたいと軽く考えていましたが、その方のお話により、未経験ではありますが、実際に仕事としてやっていきたい！　という自分なりの覚悟を固めることができました。

入行が叶いましたら、御行に微力ながらも貢献させていただき、融資を通じて愛する地元をもっと元気にして、地元に恩返ししたいと考えています」

4-10 「なぜ当社を志望しているのですか？」（小売・流通業界）

続いて、小売・流通業界を志望する場合です。

商品を仕入れて売るのがこの事業の根幹で、消費者に近いのが特徴です。

そのため、（卸は別にして）**店舗見学や店舗利用のエピソードを志望理由に盛り込む**のは定石です。必ず盛り込みましょう。

といっても、

「○○店をよく利用するから」

「△△センターが好きなので」

だけで終わりでは弱いです。

品揃えの良さなのか？

利便性なのか？

店員の接遇なのか？

価格の安さなのか？

この「よく利用する・好き」の理由を、**具体的に**掘り下げて語らないと、他の学生に勝る、説得力のある志望理由にはなりません。

「ＯＫ！」例を見て下さい。

百貨店の志望理由です。

ポイントは百貨店業界を志望する理由と、応募先企業を志望する理由の、２つの階層に分けて明瞭に説明しているところです。

特に後者は、自身がよく利用する理由を述べ、それを裏付ける先輩社員のコメントを引用して、「御社オンリーワンの志望動機」に結び付けることに成功しています。


OK!


「私は家族と百貨店に出かけるのが大好きでした。

モノを買うだけはなくて、買い物を家族全員で楽しみ、食事をして、とても楽しい時間を過ごせる場だったからです。

あのワクワクした気持ちを提供する側になりたいという想いから、百貨店業界を目指しています。

その中でも御社を志望する理由ですが、本店によく買い物に行きますが、繁忙期でも応対が丁寧でアドバイスが的確という印象を持っています。

今、サークルの２つ上の先輩が御社社員として勤務されています。

先日、『他の百貨店との違いは、人材育成に力を入れている点』と伺うことができました。

この人材育成制度や貴社の社風が対応の良い売り場の源と考え、私も同じようになって、来店されるお客様にベストを尽くし、御社の発展に貢献していきたいと思っています」

4-11 「なぜ当社を志望しているのですか？」（メーカー）

メーカーを志望するケースです。

製造業には明確な製品が存在するので、その**「製品についての魅力」**を語ることで志望理由につなげるのが王道でしょう。

しかし逆を言えば、それは皆がやるので差別化できません。

よって、ここも**リアル体験**をベースにした志望理由を推奨します。

「ＯＫ！」例は、自動車部品メーカーの志望理由です。

（自動車メーカーではなく自動車部品メーカーのように）あえて本流ではない企業を選ぶ場合、その理由をはっきりと伝えなければなりません。

車いじりの体験から、メーカー本体ではなく部品メーカーに興味を持った理由を説明しています。

また、海外で働いてみたいという意欲を、ＯＢ訪問と会社説明会というリアル体験から気負うことなくアピールできています。

最後に、（セオリーである）製品の良さアピールと自身の「営業頑張ります！」アピールで締めておけば、面接官から好感を持たれることでしょう。

OK!


「私は大の車好きです。

運転だけでなく、メンテナンスやチューンアップも自分でやっています。

運転よりもむしろ、そちらの方が楽しくてたまらないです。

この『車いじり』の中で、よく通うショップのスタッフから御社の〇〇製品をすすめられ、純正品と入れ替えて使ってみたところ、走りと燃費が格段に違ったことを体感できたので、御社に興味を持った次第です。

先日のOB訪問の際、今後『系列』という縛りはなくなり、国内メーカーだけでなく世界各国の自動車メーカーに当社の製品を売るチャンスが来ると伺いました。

会社説明会でも、若手社員は海外営業にどんどん挑戦させるというお話があり、海外で働いてみたいと思っていた私は、より一層やる気がわいてきた次第です。

既に私が良さを体感している御社の製品なら、国内外を問わず、自信を持って営業できると確信しています。

いずれは世界を飛び回り、御社の発展と共に私も経験を積み、その経験をさらなる御社の発展につなげていきたいと思っています」

4-12 「なぜ当社を志望しているのですか？」（商社）

商社を志望する場合です。

「カップラーメンから飛行機まで」と表現されるように、商社は大きく分けると、さまざまな事業やサービスを展開する総合商社と、それぞれの得意分野に特化した専門商社があります。

総合商社

総合商社は、ご存知の通り、就職偏差値が非常に高い企業群です。

採用実績校を見ればわかりますが、まず平凡な大学は出てきません。

早慶・旧帝大といった一流校に通い、なおかつ体育会所属や海外留学あり、といったすごい実績や経験を持った学生が内定を奪い合うところです。

普通の大学の学生が「就活テク」を磨いたとしても勝ち抜くのは非常に厳しいのが現実です。

「ＯＫ！」例は、「早慶クラスの大学の看板学部、海外居住・留学経験あり、１００名を超えるサークル代表、５名を束ねるアルバイトリーダー」というプロフィールを持つ学生が、総合商社Ｍ社で実際に話した志望理由です。

参考までにご紹介しておきます。

OK!

「私には『海外で日本の存在感を知らしめ、発展途上国の生活をもっと豊かにしたい』という夢があります。

というのも、親の仕事で東南アジア各国に住んだ経験があり、日本では当たり前の水や電力の供給が安定しておらず、当時から何とかしたいと考えておりました。

多種多様なネットワークと機能を保有する総合商社であれば、日本の高い技術力やノウハウを発展途上国へ移転する陣頭指揮を担うことができますし、日本企業の海外進出にも大いに貢献できると考えます。

すべての総合商社の説明会に参加しましたが、御社は他と比べて水道や電力インフラ構築に強みを持ち、今後も力を入れていく旨を聞けたので、御社を志望しています。

入社が叶いましたら、現地の便利と安全を支える役割を担いつつ、御社、発展途上国、そして日本の発展の一翼を担う人材になりたいと思っています」

専門商社

一方で、総合商社ほど難度が高くない専門商社であれば、普通の大学の学生でも充分射程圏内と言えます。

専門商社は扱う分野や製品が明確なので、ここに焦点を当てて志望理由を作成すれば良いです。

ここは、**「（他ではなく）なぜその分野、製品なのか」**の理由説明が一番のポイント。つまり、リアル体験を絡めて理由を面接官にわかりやすく伝えられるかにかかっています。

「ＯＫ！」例は、産業機械を専門に扱う商社向けです。扱う製品は産業機械とはっきりしているので、ここに焦点を当てて話すのは定石です。ただし、産業機械の専門商社といっても、取り扱う製品は多種多様なケースが大半です。たとえば旋盤機械といった特定製品だけに**限定して深堀りしてしまうと、「当社の取り扱いはそれだけではない」と一蹴されてしまう危険性**があります。

なので「ＯＫ！」例のように、「産業機械・日本製品」といった**最大公約数な表現で、全体を網羅しておいた方が無難**です。なお、もちろんこの場合、この産業機械・日本製品に着目している理由説明は必要です。

OK!

「以前、新興国の留学生から、母国の出身地域には産業がないため貧困に喘いでいるが、工業団地ができた他の地域は家計も豊かで街全体も活気があるという話を聞きました。

これをきっかけに、貧困地域を何とかしたいと思うようになり、商社に就職すればビジネスで実現できると考えるようになりました。

その中でも機械商社であれば、日本製の産業機械を拡販することにより、日本メーカーの海外進出と現地の経済発展に貢献できると考えました。

御社は、日本の産業機械を主に新興国に輸出していますが、これにより現地生産に貢献でき、日本製の良さを知ってもらえます。双方にとってメリットがあると考え、大変関心を持ちました。

先日の会社説明会でも、made in JAPANの信頼と品質を、必要とされる国々に届けるのが当社の使命であると伺い、働きたい気持ちが一層強まりました。

入社が叶いましたら、全力で業務に励んで、最速で御社に認められる人材になりたいと思います」

4-13 「なぜ当社を志望しているのですか？」（旅行業界）

旅行業界を志望する場合について、説明していきましょう。

「旅行が好きだから」を志望動機のメインに置くのはダメと思っている就活生が多いのですが、**下手にひねるよりも素直に「旅行が好きだから」をメインに持ってきた方が良いです。**

ただし、「旅行が好き」は、お金を払って客として旅行するから好きになったのであって、旅行関係の業務に就くのとは別の話です。

一見、派手に見えても実際の業務は非常に地味で、クレームも多いです。体力的にもハードです。

なので、旅行が好きで流行業界を志望しているが、「客ではなく仕事なので、**つらいことや大変なことが多々あるのはちゃんとわかって志望している」**という点を、きちんと盛り込めるかどうかが重要なポイントになります。

「ＯＫ！」例を見てみましょう。旅行代理店向けの志望理由です。

ベタでも「旅行好き」からスタートし、先輩社員の言葉を引いて、仕事の大変さを認識していることをアピールできています。

また、この会社の特長的な制度に注目して説明することにより、「オンリーワンの志望動機」に仕上がっています。

最後に自分の強みをさりげなく伝えながら、「入社したら頑張ります！」アピールをすることにより、入社意欲も買ってもらえることでしょう。

OK!

「月並みですが、私は旅行が大好きです。

旅行は人生に潤いを与え、豊かにしてくれると考えています。

コロナ禍では旅行ができず、手足をもがれたようなつらい思いをしましたが、ようやく日常生活が戻ってきたので、素晴らしい旅行を提供できる仕事に就きたいと思い、旅行業界を志望しています。

その中でも御社は、他社に先駆けて専属担当制を導入され、予約や旅行中だけではなく帰国後のフォローまでお客様とずっと寄り添えることに、魅力を感じています。

先日の先輩社員との懇親会で、ツアー中はほとんど寝ないで添乗することもあり、心身とも厳しいけれども、お客様と旅の喜びや楽しさを共有できるのは、当社のこの仕事のやりがいと魅力だと伺い、仕事は大変でもそのやりがいを得るためにぜひ御社で頑張らせていただきたい、と腹を括りました。

入社が叶いましたら、持ち前の気配り力を活かして、お客様に旅行を楽しんでいただけるように頑張って、御社のツアーを選んでいただけるように尽力する覚悟です」

4-14 「なぜ当社を志望しているのですか？」（IT業界）

次は、情報通信・IT業界を志望するケースです。

この業界は**職種別採用をしているところが多いので、応募職種に限定した志望理由を伝える**必要があります。

たとえば、あるシステムインテグレーター会社は、システムエンジニア（SE）職（システム開発、ITコンサルティング、ソリューション提供、研究開発）、営業職（システム開発受託やパッケージソフトのソリューション営業）、スタッフ職（人事・労務、経理、調達、生産管理）、と3つの職種に分けて募集しています。

文系学生でも営業職やスタッフ職だけでなく、SEとして活躍できるフィールドが用意されている企業もあります。

したがって、他の業界よりもさらに、入社後に就く職種を意識して回答することが大切なのです。

「OK!」例は、文系SEを採用するシステム開発会社向けの志望理由です。

ポイントは、SE職への志望理由にしっかり絞り込めている点。

営業やバックオフィス部門なら、この志望理由は機能しません。

また、文系SEの活躍や人材育成制度の話に触れた後、懇談会というリアル体験を盛り込んでおくことで、応募先企業への「オンリーワンの志望理由」を語ることができています。

最後に、受け身ではない自己研鑽アピールと御社、社会への貢献アピールで締めておくと、面接官も好印象を持ってくれることでしょう。

OK!

「私は普段からさまざまなスマホアプリを活用していますが、場所や時間の制限を受けず処理が完結する利便性を実体験したことから、世の中を便利にするシステムの力に魅かれ、本業界を志望しています。

御社は必要な機能を徹底的に絞り込むことにより、低コストかつシンプルでわかりやすいグループウェアを開発・提供されています。このため中小・零細企業でも導入しやすく、実際に導入件数も増加の一途と伺い、御社の将来性を感じました。

さらに、御社は文系出身でも活躍できる場がたくさんあり、第一事業部長様も文系出身だと伺っております。先般の懇親会で、これを支える人材育成プログラムが充実している旨を聞くことができ、御社を志望させていただいた次第です。

もちろん、一人前のSEになるには受身ではなく自己研鑽に励んで、システム開発スキルを身につける必要があると自覚しています。

人一倍頑張って最短で一人前のSEになって、御社、そして社会の利便性向上に貢献していきたいと思っています」

4-15 「なぜ当社を志望しているのですか？」（マスコミ業界）

マスコミ業界を志望する場合です。

マスコミと聞いて皆さんがすぐイメージする、フジテレビ・テレビ朝日のようなテレビ局、電通・博報堂といった広告代理店、読売新聞・朝日新聞といった新聞社、講談社・集英社・小学館といった出版社などは、「超」が何乗もつくくらいの難関なのはご存じの通りです。

その超難関企業への就活を勝ち抜くためのノウハウは、マスコミ専門の予備校やセミナー、マスコミ読本等が多数あり既にメソッドが確立されています。本書ではスペースの関係上そちらに譲ります。

ただし、テレビ業界ならキー局ではなく番組制作会社、広告代理店業界なら電通・博報堂といったガリバー企業ではなく求人広告を専門に扱う地元企業など、同じ業界でも上位ではない、ポジションが違うといった企業なら可能性は大きく広がるでしょう。

本書では、現実的なターゲットに照準を合わせて説明します。

「ＯＫ！」例を見てください。

中小規模の広告代理店に向けた志望理由です。

規模の大小に触れるのではなく、応募先企業の特長に焦点を当てて深堀りするのは、セオリー通りと言えます。

ＳＮＳ活用、大学の授業とリアル体験から、業界に興味や造詣があることを証明するのもグッドです。

複数の会社説明会に参加した中で固まってきた「御社で働きたい」という想いは、複数回ったからこその強さがあり、説得力があります。

OK!

「私は大学1年の夏頃からずっとSNSを続けています。インプレッション数やフォロワー数を獲得するために過激な表現や画像、映像を用いる方法もありますが、これは一時的でアカウントを止められるリスクも高いです。私は1アカウントにつき1つのテーマに絞ることで情報を多く発信でき、関心が高いフォロワーが数多く集まるようになりました。

大学ではメディア論を専攻していますが、個人の嗜好にマッチしたネット広告を配信できる技術が大きく進化していることを学び、大きな可能性と魅力を感じています。結論として、私が進むべきは広告業界しかない！　という思いなのです。

複数の広告代理店の説明会に参加する中で、御社は他社に先駆けてスマホ向け広告にシフトした旨を聞き、その時流をつかむスピード感に魅力を感じ、ぜひ御社で働きたいと思いました。入社が叶いましたら、御社の勢いを倍速させるように、頑張りたいです」

4-16
「学生時代に頑張ったことは何ですか？」

「自己ＰＲ」「志望動機」と同様に、就活面接で必ず聞かれるのが、この「学生時代に頑張ったこと」、「力を入れたこと」、いわゆる「ガクチカ」です。

９割以上の就活生が、

「すごいことを言わなければならない」という思い込み、強迫観念を持っているようですが、それは大きな間違いです。

面接官は、

「何を頑張ったのか？」

「その結果、何を達成したのか？　どのレベルに到達したのか？」を、重視しているわけではありません。

「頑張ろうとした中で掲げた目的や目標に対して、どのように取り組んだのか？」について聞かせてもらうことで、人柄、性格、行動特性等、あなたのことを理解したいと思っているのです。

ですから、「頑張ったこと」の選定は、アルバイトでもサークルでも、何でもかまいません。「すごく」なくていいのです。

ただし、たとえあなたが心から頑張って取り組んだと言えることでも、「ゲーム、漫画」「宗教や政治に関連すること」といった、明らかにリスクが大きいネタ、また学生時代という長期の取り組みを聞かれているにも関わらず、短期間で終わるスポット的なこと（2週間程度のインターンシップや数カ月の語学留学など）は、ふさわしくないので避けましょう。

回答の流れ

まず「頑張ったこと」を選択して、その概要を説明します。

そして頑張った中で、あなたがぶつかった壁と、それを乗り越えるための努力や取り組みを語ります。

ここは**結果が伴っていなくてもかまわないので、あなた自身が主体的に取り組んだ内容を詳細に**語るようにしてください。

そして**最後に必ず、「この経験から得たこと・学んだこと」で締めましょう。**

勢いあまって、

「この経験から○○スキルを体得しました！　これは御社の○○業務でも必ず役立ちます！」

と、いかにも高い業務スキルを身につけたように言ってしまうと、自己顕示欲が強い人と見られ、今までの回答やこれからの回答も大げさではないか？　と眉唾で見られる危険性がありますので、控えましょう。

4-17 「学生時代に頑張ったことは何ですか？」（サークルをベースにする場合）

まず、「サークル活動」をベースにした回答について、考えてみましょう。

サークル活動を選択する場合、ついつい役職自慢やサークル自体のすごさアピールに偏りがちです。これがいかに的外れかは前述しました。

面接官が感じたいのは、サークルという環境において、**あなたが掲げた目的や目標の達成に対する努力、取り組み**です。

「ＯＫ！」例を見てください。

普段のサークル活動では特にアピールすべきものがない場合（お遊びサークルですから、むしろこういう学生がほとんどではないでしょうか）、１つの取り組みをピックアップして深堀りするというやり方もあります。

「四国八十八か所巡り」や「総行程１４００㎞」と数字で語ることで内容の確かさを伝えることができています。

「この経験で精神的に強くなった」という締めも、納得できる流れになっています。

OK!


「入学時から今まで一貫して、サイクリングに力を入れています。

入学時からサイクリングサークルに入り、普段はサークル仲間とツーリングを楽しんでいます。

2年の夏休みに単身で挑戦した、自転車による四国八十八か所巡りが一番大変でした。

真夏の炎天下の中、総行程1400kmをたった一人で走破するというのは、当初の見通しよりもはるかに厳しく、軽い熱中症にかかったり、筋肉痛になったこともありました。

途中何度か中断しようと思いましたが、それでは自分自身に負け、また快く送り出してくれたサークル仲間の期待を裏切ることになると考えを改め、日数をかけながらも無事完走を果たすことができました。

あのつらい経験が私を精神的に強くしてくれたと思っています」

4-18 「学生時代に頑張ったことは何ですか?」（アルバイトをベースにする場合）

「アルバイトでの経験」をベースにする場合です。

「自分一人で、ものすごく売り上げた！」

「社員以上の活躍をしてほめられた！」

といったアピールに走り勝ちです。

しかし、熟練したビジネスパーソンである面接官には、

「たかがアルバイトの立場で、そんなにすごいことを本当に成し遂げられたの？　あなた一人の手柄じゃないでしょ？　もしそうだとしても、たまたま運が良かったか、社員がバックアップしてくれたからじゃないの？」

と、かえって**疑われ、マイナス評価**につながる危険性があります。

また、**近年頻出なのが、**

「自分の時間を使って、マニュアルを作成しました！」

というもの。

面接官の反応は、

「時給が発生しないのに、バイトのためにそこまでやる？　普通やらないよ。盛ってるでしょ？」

です。疑われるということです。事実ならともかく誇張や嘘は絶対にやめましょう。バレます。

「OK！」例をを見てみましょう。

アルバイト先の居酒屋の売上が回復したという成果があっても、「私たちが売上をアップさせた！」というアピールに偏ることなく、**掲げた目標に向けての具体的な取り組みを詳細に語ることで、自発的に行動できる「売り」が伝わってきます。**

OK!

「大学入学時から始めた居酒屋のアルバイトです。

中でも、店の売上アップの取り組みに力を注ぎました。

個人経営なのでアルバイトだけで切り盛りしているのですが、コロナが終わったと思ったら、近くに大手チェーン店が進出してきた影響もあり売上が大きく減少したままでした。バイトの皆が危機感を抱き、何とか売上を回復させようということになって、私は各々が売上UPのアイデアを考えるよう提案しました。

タッチパネルが主流な今、逆張りで『○○産の希少部位、早い者勝ち！』といったコメントを添えた手書きメニューにしてはどうか、割引券を配って集客増につなげてはどうか、といったアイデアをオーナーに提案し許しを得ました。日替わりメニューを手書きして店内の目立つところに貼り、手すきの時は駅前で割引券を配りました。

この取り組みの結果、少しずつですが売上が戻るようになりました。この経験から、自発的に行動することの大切さを学ぶことができました」

4-19 「学生時代に頑張ったことは何ですか?」(大学の勉強をベースにする場合)

「大学の勉強」をベースにした回答モデルを見てみましょう。

大学の勉強の場合、「すべての科目で高い成績を残せた」と言わなければならない、ということではありません。

確かにそういった成果がある方が「勉強頑張った!」PRを強固にしますが、学年トップクラスの成績優秀者なんて極めて稀ですし、大半の学生にはそのPRは難しいでしょう。

「OK!」例のように、1つの科目に絞って説明するのも「あり」です。どんな学生でも1つくらいは頑張った科目があるはずで、それに焦点を当てて話していくのです。

ここでは、受け身ではなく**能動的に関わっていく具体的な取り組み**を述べて、頑張りを伝えることができています。

成果が残せたのであれば、それも漏らさずに盛り込みます。

最後に、「自分に自信が持てるようになった」と、「得たことPR」で締めるのもグッドです。

OK!


「大学の勉強です。

専攻している経営学は、日々のニュースや日常生活に連動していて、身近に感じられ非常に面白いです。

中でも『経営戦略論』という専門科目は、まさしく今のビジネスの世界で起こっているホットな事例を取り上げて、ケーススタディを用いた討論形式で進める講義だったため、毎回のめり込みました。

討論にちゃんと加われるよう、経営戦略に関わるビジネス書を片っ端から読み漁ったり、ビジネスパーソン対象の有料セミナーにも参加したりと、準備に力を入れました。

そうするうちに、段々と自分の意見を主張できるようになり、相手の指摘にも動じず反駁できるようになりました。

これらの頑張りが評価され、担当教授からは92点と高評価をいただくことができました。

今までは正直、たいして頑張ったことがなく自分に自信がなかったのですが、この勉強だけは胸を張って頑張ったと言えますし、私も頑張ればできる、という自信を持つことができました」

4-20

「学生時代に頑張ったことは何ですか？」（ボランティア活動をベースにする場合）

今までサークル活動、アルバイト、大学の勉強といったメジャーなものについて説明してきましたが、これらに該当しないものをベースにした内容について説明します。

たとえば、地域活動やボランティアなどの課外活動も、ここで充分にアピールすることができます。

「ＯＫ！」例は、ボランティア活動についてです。

活動自体を頑張ったというアピールも充分に「あり」ですが、ここはさらに踏み込んで「組織運営に尽力した」としています。

普段の活動だけで終わらず、**独自に頑張った取り組みがあれば、そこに焦点を当てて話す**のも効果的です。

参加当時に感じた苦い体験をそのままにするのではなく、上級生になってからの改善の取り組みを具体的に語ることで、問題を放置せずに解決しようとする行動力が感じ取れます。

最後の「学べた点アピール」も、自らが主体的に行動して経験したからこそであり、説得力があります。

OK!

「私は被災地などの困窮者支援のボランティア活動に打ち込み、その中でも特に組織運営に力を注ぎました。

1年の時から始めましたが、当時はまだ組織もしっかりしておらず、私も現地入りしても何をすべきか全然わからず、いつも困惑していました。

想いはあるのに、いろいろと不安を感じて辞めていく学生も多くいました。

そこで3年生になった際、同じ思いをさせないよう、組織内にメンターの役職を設けるよう提案し、承認してもらいました。

これは後輩の悩みや相談を解消するなど、後輩を精神面からサポートする役割です。

言い出した私がこの役職に就き、さっそく後輩達を集めてこの役割の説明をし、全員と個別に話す機会を設けました。

その後は、現場でできるだけ多くの後輩達と一緒に汗を流すようにしました。

その結果、退会する学生を減らすことができ、効率的な運営ができるようになりました。

この経験から、相手の立場に立って考えるだけでなく、実際に行動に移すことの大切さを学べました」

4-21 「学生時代に頑張ったことは何ですか？」（その他をベースにする場合）

大学の勉強やゼミ、サークル、アルバイト、地域活動、ボランティアなどの定番エピソードが、「ガクチカ」の回答に適しているのは、疑う余地がありません。

しかし、こういった活動に携わってこなかった、あまり関わりを持ってこなかったという学生も少なくないでしょう。

このような場合は回答に窮するかもしれませんが、たとえば「友人との交友関係を深めることに力を入れた」といったやり方も有効ですので、ご紹介します。

「ＯＫ！」例を見てください。

ごく平凡な交友関係構築のエピソードですが、（たとえば）実際は幽霊部員になっているサークル活動の話を無理に持ってくるよりは、こういった話の方が等身大の魅力をアピールできます。

「高校時代までの自分を変えたい」といった「きっかけ」、クラスメイトと接して仲良くなるための「地道な努力」、そしてその変われた自分という「成果」といった順序で話せば、**地味な内容であっても、訴求力が出てくるのです。**

OK!


「友人との親交を深めることに注力しました。

実は、数年前までの私は、かなりの口べたで、高校時代は友人がほとんどできず、正直言って暗い3年間を過ごしたことを非常に後悔しています。

大学生になったらそんな自分を変えたいと、強く思っていました。

それなので、入学当初から講義には積極的に出席し、クラスメイトと接する機会を増やしました。

授業中はきちんとノートを録っていたので、テスト前や欠席時に借りに来る人が増え、自然にみんなと触れ合い、仲良くなっていきました。

講義ノートは今でも真面目に録っていて、クラスメイトの勉強に役立ててもらっています。

決して多くはありませんが、この経過から心を許せる友人もできました。今の私も決して饒舌ではありませんが、この経験を通じて、少なくとも誰とでも笑顔で楽しく話せるようになり、以前よりもはるかに社交的になれたと思います」

4-22 「応募企業を選ぶ基準は何ですか?」

「行きたい業界」が明確に絞り込まれていて、面接を受けている会社もその業界である場合は、「その業界の魅力」をベースに語ればＯＫです。

たとえば銀行業界で、メガバンクではなく地銀や信金業界を志望していて地銀や信金を受ける場合、**「重要な資金面から地元企業の経営をサポートしたいという思いから銀行業界を、その中でも顧客との距離が近い、信金や地銀を応募対象としています」**

といった具合です。

しかし、複数の業界にまたがって受けている場合は、このやり方が通用しないので、**オリジナルの基準を語る**必要があります。

たとえば、業界で絞り込んでいるのではなく、「入社後に○○という仕事に就けるかどうか?」という基準で、会社単位で考えている、といった内容です。

「ＯＫ!」例を見てください。

最初に「自分の成果がきちんと報われること」という自分なりの基準を掲げています。

その後に、複数の企業の会社説明会やＯＢ訪問に参加した際に得たリアルな情報が根拠になっていることを語っています。

ネット情報と違い、この**「複数企業を回った」というリアル感**は非常に有意義で、説得力が増します。

さらに応募先企業の会社説明会で聞いた話を引用して、「御社は私の基準にピッタリと合っています！」ＰＲにつなげています。

最後に「だから御社に魅力を感じている」と締めれば、入社意欲も感じ取ってもらえることでしょう。

OK!

「私は、自分のやったことがきちんと報われるかどうかを基準にしています。

営業職に就くことを念頭に置いて就活をしていますが、いろいろな企業の会社説明会やＯＢ訪問を経るうちに、同じ業界の営業でも、目標数字の考え方や営業数字を評価する制度に違いがあることを知りました。

御社は近年、年功序列の人事制度を刷新し、入社年度も老若男女も関係がない、公明正大な成果主義制度に切り替えたと、会社説明会で聞きました。成果を問われる分だけ厳しい現実が待っていると思いますが、やればやるほど報われるということですから、この点に大いなるやりがいを感じています。

このように私の基準にマッチしている御社に、大変魅力を感じています」

4-23 「当社の志望度はどれくらいですか？」

この質問は額面通り受け取ってかまいません。裏はなく、まさしく応募先企業への志望度合いを聞いています。

第1志望なら「第1志望です！」と高らかに伝え、志望動機でフォローすればOKです。

問題は第1志望でない場合。

一般的な就活テクで言われている、「第1志望群です」といった回答は絶対にやめましょう。

これでは、「要は第1志望でないということだよな」と解釈されます。あいまいな回答で、はぐらかされたようで、上から感も出ており、面接官に与える印象は良くありません。

なので、ここは戦略的に本音で語って「真面目&実直さ」をアピールしていきましょう。

もちろん本音といっても、「滑り止め、保険的な意味合いで受験しているので、志望度は低いです」は当然NG。言い方に創意工夫が必要になります。

ではどうすればいいか。

「本音を話した後に、志望度の高さを証明する」のがポイントです。たとえば、

「選考が進んでいないこともあり、まだ自分の中で順位付けはできていないのですが、これこれこういう理由から、御社志望の想いは非常に強いです」

と、「本音プラス志望動機」で志望度の高さをフォローする。

もしくは、

「今、まだ固まっていないのに、軽々に『御社が第1志望です！』は失礼だと考えますので、差し控えさせていただきます。しかし、志望度が高いからこそ、先ほど申した○○○の企業研究を行いました」

と、「本音プラス企業研究」で志望度の高さをフォローする、といった具合です。

このように本音を語ることで「真面目&実直さ」をアピールしつつ、志望度が高いことを必ずフォローしていきます。

OK!

「『御社が第1志望です！』と申し上げたいところですが、本音を申し上げますと、まだ自分の中で志望順位を整理できていないため、軽々には申し上げられません。

というのも、他社の選考が御社より遅く、まだ会社説明会も開催されていないところもあり、同一条件で比較できないということがあります。

ただし、私の企業選びの軸としている、『大学で学んでいる○○の知識が活かせる業界であること』と『両親の事情でUターン就職希望であり、地元の関西で働けること』の2つの必須条件を、御社は満たしていらっしゃるため、御社の志望度が非常に高いことを、お伝えさせていただきます」

4-24 「ここまで選考を通過した理由は何だと思いますか？」

この質問は、集団面接や1次面接といった、何らかの選考を突破した後の面接でされます。

面接官が知りたいのは、

「自分の商品価値を、自画自賛ではなく、論理的に説明できるか？」

という点。商品価値についての説明力は、営業職に限らずビジネスパーソンにとって必須のスキルです。あなたの「社会人としての資質、適性」をアピールするチャンスです。

ただし、「先ほど、自己ＰＲで述べた『粘り強さ』を評価いただいたからだと思います」から始めて、自身の売りをさらにＰＲするのは、誰もが答えるスタイルで平凡なため、ライバル達と差がつきません。

そこで筆者が推すのは、**「御社への熱い想いは誰にも負けませんPR」作戦。**

選考通過の理由を「応募先志望の強い想い」にして、これを強くアピールする戦法です。

ただし、先に述べた「志望動機」を繰り返すのはもったいないので、**伝えきれていない情報も絡めて、この熱い想いがあったゆえに主体的にとった行動を述べる**ことで、熱い想いを裏付けていきます。

「ＯＫ！」例のように、**ＯＢ・ＯＧ訪問、会社訪問、会社説明会・セミナー参加やその回数の多さなどは充分にインパクトを与えることができます。**

また、規模が小さくても、

・**会社説明会で一番最初に質問した**
・**セミナーで一番多く質問をした**
・**御社ホームページや人事SNSを朝・晩、毎日チェックしている**

といった話も「あり」でしょう。

このように志望の想いだけでなく、必ず「具体的な行動事例」を用いてフォローしていきましょう。

OK!

「先ほど、自己PRで『粘り強さ』を申し上げましたが、それよりも私の御社で働きたいという熱い想いが評価されたからだと思います。

私はアルバイトに励んできたごく普通の学生ですので、学業や学外で輝かしい実績を残している他の人と比べたら、劣っていると思います。

でも、『御社で働きたい気持ちは、他の人には絶対に負けない！』という強い気概を持って選考に臨んでいます。

御社に入るために、企業研究の一環として取り組んだOB訪問では10名の御社社員にお会いし、実際の働く現場を見るために、御社の直営店25店舗を見学させていただきました。

この数は、御社を受験されている学生の中でも上位の方だと確信しています。この御社への熱い想いが採用に携わる皆様に伝わったことにより、今回の選考通過につながったと分析しています」

4-25 「他社の選考状況はいかがですか？」

「他社と比較して当社はどうなのか？」は、面接官の関心事の一つですから、ここは「他社よりも御社！」という志望度の高さを語れるチャンスととらえてください。

最初に現在の選考状況を伝えた後、受験している複数の企業の中でも応募企業の志望度が高いことをＰＲします。

既に内定がある、選考がかなり進んでいるなら、隠さずに現況をそのまま伝えてください。これだけでも**「他社でも評価されている人材である」という充分な「売り」**になります。

問題は選考が進んでいない場合です。

「まだどこも選考は始まっていません」なら、そのまま伝えてかまいませんが、「既に10社以上不採用になりました」といったネガティブ情報をわざわざ提供する必要はありません。

また、志望の想いを語らなければならないといっても、**「御社しか考えていないので、他社は受験していません」はNG**。就活は専願・単願すれば内定率が高まるものではないし、他社受験なしでは「他社より御社」の志望動機が胡散臭くなってしまいます。

「他社より御社」の回答方法ですが、ネットで集めた情報だけで語るのはＮＧ。大半の学生がやるので凡庸ですし、内容が浅く感じられます。

それよりも、会社説明会やセミナー、OB・OG訪問といった、**自らの足で稼いだリアルな情報を用いて、企業研究の成果を披露しつつ「他社より御社」の志望動機に**つなげていくようにしてください。

誰もが入手可能なネット情報と違い、**他社の説明会の内容や他社社員が語ったことは、面接官は知らないので、関心を持って聞いてもらえます。**

OK!

「私は、御社と同じ人材派遣業界の会社を中心に回っております。まだ内定は頂いておりませんが、選考が進んでいる会社が複数あります。

将来、コーディネーター職に就きたいと思っており、会社説明会に参加したら必ずこの件を確認していますが、『営業職しか募集していないし、営業で入社した後にコーディネーターになれる可能性は極めて低い』という回答が大半でした。

御社は『キャリア支援制度』に代表されるように、社員のやりたいことを吸い上げられる土壌があり、先日のOB訪問では、実際にこの制度を使って営業職からコーディネーター職に異動された入社4年目の先輩社員にお会いすることができました。御社への想いが一層深まった次第です」

4-26 「当社から内定が出たらどうしますか？」

言うまでもなく、理想的な答えは、

「御社が第1志望ですから、内定を頂けた時点で私の就職活動は終了です！」

と言い切ることですが、志望度が相当高くないと、まずこうは言えません。

企業側も当然、そんなことは百も承知です。

おそらく、最も多いのは、

「内定をもらえたら嬉しいけど、就活は続ける（複数の内定を取った上で選びたい）」

というケースでしょう。

そのことを、面接官を不快にさせずに伝えられるかが焦点になります。

ここで求められるのは、あなたの**「真面目&実直な人柄」**であり、面接官もそれを感じさせて欲しいと思っているのです。

嘘をつくのはやめましょう。百戦錬磨の面接官をだまし通すのは難しいし、今は**「その場ですべての内定企業に電話を入れさせ、内定を辞退させる」ケースも**あります。面接の場だけの嘘では済まなくなってきています。

その一方で、本音を堂々と語れば「真面目&実直な人柄」をアピールできます。

もちろん、本音とはいえ「御社は他社よりも志望度が低いので、就活を継続します」はNG。

ここは「大人の表現」が必要になります。たとえば、**「最終的には自分で判断しますが、両親や担当教授、友人にも相談し、どうするかを決めたいと思います」**と、周りにもきちんと筋を通してから判断するといった理由付けで、「御社に行きます」的な回答を保留しておき、**「御社で働きたい気持ちが強いことは間違いありませんが、もう少しだけ猶予を頂けると幸いです」**と締めて、改めて志望度が高いことをアピールしておきます。

OK!

「御社から内定を頂けるのは大変光栄ですが、できればもう少し就活を続けさせていただければと思っています。

というのも、私は実習の影響で就活を始めたのが遅かったため、就活をやり切ったという達成感をまだ得られておりません。人生の一大事ですから、納得できるまで就活を継続させていただければというのが、私の偽らざる気持ちです。

もちろん、就活をやり切るまで、内定受諾の返事を待っていただくのも難しいと思いますので、実際に内定を打診された時点で、志望度の高い御社に行くことを前向きに考えたいと思います」

4-27 「なぜ総合職を志望しているのですか？」

このように、職種別の志望理由を聞かれた場合は、必ずその職種の特徴に焦点を当てた志望理由を説明するのが鉄則です。

総合職は大学新卒では最もポピュラーな職種で、会社の将来を担う中核人材としての活躍が期待されています。ここで面接官は、

「当社の総合職に就いた場合、あなたは当社でどうしていきたいのか？」

という将来ビジョンを聞かせてほしいと思っています。

総合職の場合、何でも幅広くこなす「ジェネラリスト」としての役割も求められていますから、これも網羅して答える必要があります。

総合職は、入社後に適性や能力を見て配属を決める場合が多いので、**営業や企画といった特定の業務に限定して具体的な将来ビジョンを語ると外す**危険性があります。

したがって、ここは「幹部社員になりたい」、「できるだけ早く重職に就きたい」といった、あいまいであっても大きな将来ビジョンを軸にして志望理由を語るやり方をおすすめします。

「ＯＫ！」例を見てください。

できるだけ上の役職に就く、最終的には社長にという目標があると、総合職にマッチした志望理由を伝えています。

そして今の社長の経歴を持ち出し、これを将来ビジョンの裏付けにしておくと、説得力があります。

最後に、そのためには、「どんな仕事でもどんな場所でも一生懸命頑張る！」という、総合職に期待されていることで締めておけば、入社意欲も感じ取ってもらえることでしょう。


OK!


「私は、御社で働くなら、一介の社員で終わるのではなく、できるだけ上のポジションに就きたい、そして最終的には会社の頂点である社長になりたいと本気で考えており、それには総合職を選ぶのが最善と考えました。

御社社長は営業畑が長い一方で、人事や企画といった間接部門にも従事された時期があり、海外赴任も何度か経験されていると聞いています。

やはり上に行くには、社内の業務について横断的に関わっていく必要があると思います。

入社後は、営業でも生産管理でも任された仕事にやりがいを持って、一生懸命取り組んでいきたいと思っています。また国内外問わず、どこでも働く覚悟はできています」

4-28

「なぜ一般職（エリア総合職）を志望しているのですか？」

ここも、前項「総合職」と基本的に同じです。

昔と比べて「一般職」は激減しましたが、「エリア総合職」や「勤務地限定職」に移行しているケースが多いです。

共通するのは、「（昔ながらの）一般事務だけ、補助業務だけやっていればいい」というのはレアケースということです。「全国転勤がない」くらいしか違いがなく、総合職と同じくらいの高い業務レベルを要求する企業も多くなっています。

たとえば、よくある回答である、

「私は人の上に立ったり、管理したりするタイプではなく、人をサポートするのが得意なので、この職種を選びました」

ですが、まさしく自分の適性をふまえた本音で、これはこれで「あり」でしょうが、**仕事に対して意欲的でないと見られてしまうリスク**があります。

もちろん、家庭の事情等で地元を離れられないケースもあるでしょうし、本心として「仕事一筋のような人間にはなりたくない」というのもあるでしょう。

しかしここはあえて気持ちを盛って、「総合職なみにバリバリ仕事をやる」ＰＲで行きましょう。

「ＯＫ！例」を見てください。

「それなら総合職にすれば？」とツッコまれないように、先に総合職では働けない理由を伝えています。

そして、会社説明会のリアルな体験話を引用して、業務が楽そう、定時で帰れそう、といった勘違いをしていないことに触れつつ、御社の仕事こそまさしく自分が求めているものであるということにつなげて、入社意欲をアピールできています。

OK!

「私は家庭の事情で転居を伴う転勤ができないため、全国転勤がある御社の総合職で働くのは難しいと判断し、エリア総合職を希望しています。

といっても、総合職と同等以上にバリバリ働きたいと思っています。

先日の職種別の会社説明会において、『エリア総合職といっても、業務内容に大差はないし、処遇の差もない。この職種で採用される方には、地元にしっかりと根を下ろして安定、継続して働いて、その地域に合った質の高いサービスを追求し提供してほしい』と人事ご担当者様から聞き、これこそ私が求めている仕事内容、働き方だと思いました。

地の利がある地元でできるだけ長く働いて、御社と地元に貢献していきたいと思い、この職種を志望いたしました」

Column 4

「正直」と「バカ正直」「卑屈」の線引きは？

優秀層にありがちですが、弱みを隠そうとガチガチに理論武装する人がいます。短所を聞かれて、「意見を通そうと強引になる点ですが、視点を変えると、主張できるという長所でもあります」等が典型です。

はぐらかす、論点を変える、話題をすり替えるのは、「学生らしくないし、素直さが全然感じられない」と見なされ逆効果です。

とはいえ「正直ベースだと誇るべき実績もないし」と謙虚さが過ぎ、卑屈になり何もPRできないのでは勝てません。

どこまで正直に言えば良い？　どこからはダメ？　いわゆる「盛る」就活テクが蔓延する中、線引きに悩む人も多いでしょう。

いじくり回すのではなく、何事も正直に伝えようという基本スタンスでOKです。盛ったり嘘をつく学生に毎年嫌というほど向き合っている面接官なら、盛りや嘘はお見通し。ひねった就活テクに乗った回答をしてほしいわけではありません。

学生に期待しているのは、素直さや真面目さで、テクではありません。素直さや真面目さこそ、未経験者が仕事を習得する上で必要な素養だと、肝に銘じておいてください。

とはいえ、志望度合いを聞かれて「御社は滑り止めです」では、さすがにマズい。このマズさがわからないなら、なお一層、本書を精読して回答の勘所をつかんでください。

STEP
5

「その他の頻出質問」は、こう答えればOK！

5-1 「大学ではどういった勉強をしていますか？」

大半の学生のように大して勉強していない場合でも、「法学部なので法律を勉強しています！」のような幼稚な回答はもちろんＮＧ。

かといって、難しい専門用語を多用した「勉強してますＰＲ」もいりません。突っ込まれて墓穴を掘るだけです。

また、「大学では勉強よりもゼミの運営の方に力を入れていたので」といった言いわけからゼミ活動の話を展開するといった、**話題をすり替える「就活テク」は、面接官の印象が悪くなります。**やめましょう。

熱心に勉強したなら、その内容を堂々と伝えればＯＫです。

一方、あまり勉強していない普通の学生でも、他に比べて得意だった科目や成績の良かった科目が何かしらあるはずです。**そこに絞り込んで、面接前までに学習内容を何度も復習**することで、きちんと話せるようにしておきましょう。

たとえば、「ＯＫ！」例のように「企業の長期繁栄」という研究には触れずに、それよりも関連する「企業評価システム論」という一つの科目に焦点を当て、ボリュームを割くのです。

自分の得意分野で、事前にしっかりと復習していれば、面接官が追及してきてもそれなりに答えられるはずです。

もしもさらに追及が続くなら、在学期間がまだ残っているのですから、今後の課題とかわしておきましょう。

OK!

「経営戦略ゼミに所属し、『企業の長期繁栄』について研究しています。

その一環として『企業評価システム論』という専門科目の勉強に一番力を入れました。

これは東証プライム上場企業なら安定企業で倒産しない等のように企業を思い込みでとらえるのではなく、売上や従業員数といった企業が公開しているデータを元に、企業価値を数値化しようとする勉強です。

2つの電気メーカーを事例として用いましたが、当初の見込みとは異なり、知名度のない方が総合評価が良く、改めて数値化の必要性を認識できました。

現時点では漠然としているところもありますが、卒業までの期間を使ってこの研究を進め、最終的に卒論としてまとめたいと思います」

5-2 「卒論、卒業研究はどのようなテーマにするのですか？」

面接官はこの質問により、自主的に選んだ研究テーマに対してどう取り組んでいくのか、という点から**「行動力」を見たい**と思っています。

ネットで収集した情報をコピペして卒論を作成する学生が大勢を占める今、研究への具体的な活動内容を語れば、「行動力」をＰＲできます。

したがって、テーマは何でもかまいません。すでに決まっていたり、もう取り組んでいるなら、そのまま伝えればＯＫです。

問題はまだ決まっていない場合。

「まだ時間があるので、これからよく考えて決めたいと思っています」はＮＧ。これでは大学生なのにまともに勉強していないことを自ら証明するようなもので、「行動力ＰＲ」以前の問題になってしまいます。

「行動力」をＰＲするには、テーマ探究のための今までの行動実績や、今後のスケジュールなどの具体的な取り組み内容を説明します。たとえば、

「3年次の夏に2か所、見学に行きましたが～」

と、行動実績に触れた後、

「埼玉県下には〇〇施設が約１００か所もあり、後期終了までに、アンケート用紙を持って残りす

べて訪問する予定です」

と、今後のスケジュールを伝えます。

まだ何も着手できていない場合は、今後のスケジュールについての具体性と綿密さを語ることで、「行動力ＰＲ」につなげておきます。

なお、ここでやってはいけないのは、極度の「専門性」ＰＲ。一生懸命勉強に打ち込んでいた場合でも、専門的で難解すぎる内容を長々と説明されたら、素人の面接官にとっては退屈なだけです。概要レベルでとどめておきましょう。

OK!

「『生成AIの脅威』をテーマにしようと思っています。

実際にChatGPTを使って文章を作成したところ、予想を超える品質のものが出来上がったので、AIに大変興味を持ちました。今、セミナーも多数開催されています。先日、京浜ビックサイトで開催された「生成AIのもたらす世界」に参加し、専門家から最先端の動向を伺うことができました。最近は新聞やニュースでも関連する情報を収集していますが、人々に与えるメリットも大きい分、デメリットも大きいことを知りました。技術の進歩に対して、人間の倫理や規範が追いつかずに悪用されると、大惨事に繋がる危険性も予測されています。

そこでこの先は更なるセミナー参加や文献精読、専門家へのヒアリングなどを通じて、机上の空論で終わらない論文に仕上げていきたいと思っています」

5-3 「なぜ、今の大学・学部を選んだのですか？」

「とりあえず、つぶしのききそうな法・経・商学部といった文系学部を中心に複数受験して、受かった中で一番ブランド力がある大学にした」

これが大半ではないでしょうか？

ですがもちろん、そんなことを正直に言うのはNG、ありえません。

面接官は、「明確な理由があって、その大学・学部を選んだ」という話を期待しています。

「そんなご立派なこと期待されても困る」と思う人は多いでしょう。

理想的なのは、

「高校時代から～～の道に進みたかったので、直結している、この大学・学部を選んだ」

という回答ですが、そういないでしょうし、「御社に入るために、今の大学・学部を選んだ」と嘘をつくわけにもいきません。

そこで筆者がおすすめするのは、

「大学・学部を選んだ理由よりも、そこに入ったからこそ得られたことをアピールする」というやり方です。

そして、ここで「得られたこと」を、応募先企業やそこでの仕事に絡めていくのです。

「ＯＫ！」例を見てください。

大学受験時には将来の進路選びについて未定でしたが、学ぶうちに自身の方向性を見出し、それを応募先企業での仕事に関連付けて、志望意欲アピールにつなげることができています。

そして最後に、「今の大学・学部を選んで満足している」ＰＲで締めていますので、面接官の印象も一層よくなることでしょう。

OK!

「大学受験時には、卒業後の進路を明確に意識していたわけではなく、入学してから進むべき道を探そうと思っていました。

当時、サラリーマンである父親に相談したところ、『それなら汎用性の高い法学部に進んだら？』と助言してもらい、私自身もそう思えたので、知名度のある今の大学の法学部を選びました。

ここでしっかりと学ぶことにより、法律をひもとく際に必要な論理的思考力を身につけることができたと思っていますので、将来はこの力が活かせるコンサルティング関係の仕事を念頭に置くようになりました。

先日の会社説明会でお会いした山崎様も法学部出身とのことで、『法学部で学んだことはこの業務ですごく役立つよ』とアドバイスいただき、御社のコンサルティング営業に就きたい想いが一層強くなりました。自分のやりたいことがはっきり見えてきたので、今の大学・学部を選んで本当に良かったと実感しています」

5-4 「アルバイトの経験はありますか？」

アルバイトは、言ってみれば「社会に出る予行演習」です。

したがって、**バイト経験なしは非常にマイナス**です。

この質問も、「経験あり」が大前提になっていますから、未経験の方は今からでも、数日間の短期バイトをやっておいた方がいいでしょう。面接官は、アルバイト経験を通して、あなたが会得した**「働くことへの意識・考え方」について聞かせてもらいたい**と考えています。

具体的な回答方法ですが、

「ある」

↓（そのアルバイトの）概要説明

↓「この経験で学んだこと」

という流れで回答してください。

アルバイトの選択は、キャッチセールスやホストクラブといったイメージが悪いものでなければ、居酒屋スタッフ、コンビニ店員、塾講師、引っ越し作業員、短期の力仕事といった凡庸なものでＯＫです。この「学んだこと」でぜひ盛り込んでほしいのは、**「お金を稼ぐって大変！」**ということ。これで、

働く覚悟や社会人になる自覚があることを面接官に感じ取ってもらいます。

なお、アルバイトの経験くらいで**「即戦力アピール」をしない**ようにしてください。たとえば、「外食店の接客アルバイトで養った接客スキルには、絶対的な自信があります！」等と言うと、「しょせんアルバイトレベルでしょ」と失笑されても仕方がありません。

ライバル学生がみんな大げさな「アルバイトで○○スキルを身につけました！」PRを繰り返す中、ここはあえて**「謙虚さ」アピールで、好感度を上げておきましょう。**

OK!

「はい、あります。

飲食店のキッチンでのアルバイト経験があります。大学入学から始めて、現在まで丸3年間継続しています。初めてのアルバイトでしたので、当初は戸惑うことも多く、ミスも連発したため、自分には向いていないと落ち込むことが多々ありました。

初任給が出た時は、うれしさよりも、お金を稼ぐのって本当に大変だなと痛感したのを今でも鮮明に覚えています。

今では調理現場のアルバイトを取り仕切るようになり、『やればできる！』という自信が持てるようになりました。お金を稼げたこと以上に、お金を稼ぐことの大変さを学べたので、今のアルバイト先には本当に感謝しています」

5-5 「サークル活動はしていますか？」（している場合）

「サッカーサークルに所属しております。昨年は、○○大会で優勝しました！」
といった実績自慢を披露する人が多いようですが、あまり意味がありません。

面接官は、この質問を通して**「あなたが、集団の中でどのようなポジションに就き、どのような行動を取り、どんなことを得られたのか」**について知りたいと思っています。

会社勤めというのは、何十年も続く集団生活ですから、そこでの適性は合否を決める重要なポイントとなるのです。

もちろん、「100名いるサークルで◎◎代表をやってました！」と、**大所帯サークルでの役職自慢に終始するのもNG**です。代表なら、

「リーダーシップを発揮することの難しさと、その経験を通じて得たもの」

といったことを、具体的に語る必要があります。

「OK！」例を見てください。

サークルのイベント幹事といえば、学生の皆さんにとってありがちな話ですが、その役職のすごさアピールをするのではなく、そこでイベントに臨む姿勢や事前準備を具体的に述べて、組織の中で

責任感を持って行動できることを伝えています。

そして、サークルのイベント幹事の任務が、準備の大切さを会得することにつながり、さらに自分の成長につながったという成果に結びついています。

このように話すと、面接官は、知りたかった「集団内での立ち位置と行動内容」を得られたと思うわけです。


OK!


「はい、私はサッカーサークルに入っています。

入部当初から、同期を集めてバーベキュー大会や飲み会を開催するなどして、仲間との親交を深めることに力を入れていました。

3年次にはこの取り組みを買われ、イベント幹事に選任されました。

約50名と人数が多いサークルなので、納会といったイベントでは大きなお金を扱いますし、過去に酔った部員がトラブルを起こすこともありました。

そのため、トラブルなく無事イベントを終えられるよう、事前にスタッフ達と徹底的なシミュレーションを行いました。よく『段取り八分』と言いますがその通りで、イベントが終わる度に事前準備の大切さを痛感できました。

このサークルで私の一生の財産と言える友人を手に入れ、イベント幹事でいろいろな経験を積めたので、本当にこのサークルに入ってよかったと思っています」

5-6 「サークル活動はしていますか？」（していない場合）

コロナ禍も終わったのに、「していない」となると、面接官は間違いなく、

「大学生活における最もポピュラーな課外活動であるサークルに無縁なのはなぜ？」

「もしかして、人付き合いが苦手なタイプ？　会社という集団には向かない人かな？」

という疑問を抱くでしょう。

よって、まずはこの疑問を払拭する必要があります。

そしてもちろん、この質問で**面接官が見たいのは「集団の中のあなた」なのですから、それが伝わるような話をしなければダメです。**

回答の流れは、
なぜ入らなかったのか、理由を丁寧に説明
↓サークル以外に取り組んだことをアピールしつつ、
↓「集団の中の私」もフォロー
になります。

「ＯＫ！」例を見てください。

大学受験時代からの想いを語ることで、「法律の勉強に専念したかった」がサークルに入らなかった理由であることを明瞭に説明できています。

さらに、講義の出席実績や試験勉強の頑張りなど、勉強について具体的な行動の詳細を話すことで、単なる思いつきではなく、本気で励んでいることをきちんと証明できている点もグッドです。

最後に、勉強の一環であるゼミ活動の話を切り出し、そこでゼミ生との関係性に触れておくことで、「集団の中のあなた」をフォローできています。

このように面接官の疑念を払拭し、集団活動にもちゃんと取り組んでいることを伝えておきます。

OK!

「サークルには入っておりません。

というのも、とにかく法律を学びたい一心で法学部に入りましたので、大学では法律の勉強に専念しかったからです。サークル活動は勉強の妨げになると考え、入りませんでした。

その分、大学での勉強には力を入れ、講義には必ず出席し、試験勉強も頑張ってきましたので、今まで1単位も落としておりません。

また3年次からは、ゼミ活動にも力を入れています。今、5名のメンバーを束ねるグループ長を務め、次のグループ対抗ディベート大会に向けて、メンバーと戦略会議をしているところです。

意見がまとまらないことも多く調整が大変ですが、目的のためにメンバーをまとめるという貴重な体験ができているので頑張っています」

5-7 「ボランティアの経験はありますか？」

ボランティア活動の必要性や意義については、誰もが理解していることでしょう。

しかし、やったことはない人が大半というのが現実です。

したがって、経験ありなら、ボランティア活動の**内容説明に加えて、活動を通して「感じたこと・考えたこと」について話してください。「実行力」は、間違いなく評価されることでしょう。**

念のため、「ボランティアしないのはおかしい！」といった排他的な主張や、「ボランティアした私はすごい！」といった自己陶酔に陥らないよう気をつけましょう。

では、「経験なし」の場合はどう答えれば良いでしょう？

必ずしも、マイナス評価となるわけではありませんが、ボランティアに関心がある人とまったくない人とでは、前者の方が好印象なのは間違いないでしょう。

したがって、筆者は、

「経験はありませんが、今後はぜひ積極的に取り組んでいきたいです！」

という主旨の回答を推奨します。

「ＯＫ！」例を見てください。

「ありません」の後に、規模は小さいけれども募金のような社会奉仕活動を伝えて、「(思いつきではなく)ボランティア活動に参加したい」と、奉仕の精神をちゃんと持っていることを説明しています。

そして、真摯に反省してから、今後のボランティア活動への参加を約束するという切り返しで、「素直さ」と「前向きさ」をアピールすることにつなげています。

これなら、現時点で経験がなくても、面接官は好印象を抱いてくれることでしょう。

OK!

残念ながら、経験はありません。

社会への奉仕活動といえば、赤い羽根の共同募金やコンビニの募金箱に釣銭を寄付するといったことはこまめに行っています。でも自発的に汗を流すようなボランティア活動は、今まで一度もやったことがありません。

震災のニュースを観たりすると、ボランティア活動をしたい気持ちが沸いてきますが、まだ行動に移せていません。

思っていてもやらないのは、やはりダメですよね。

今、この面接で改めて自分の甘さを認識できたので、この就活が終わったら友人達を誘って、すぐ行動に移したいと思います」

5-8 「あなたの長所を教えてください」

この長所を含め「自分の良い点」をアピールする必要がある質問に対しては、「応募企業が求めている人物像に合致するようなPRをしなければ」と、身構えてしまう人が多いようですが、そんな必要はまったくありません。

面接官が見たいのは、単純に「あなたの（人柄的な）良さ」です。合わせようとしすぎて偽りのキャラを演じても、必ずボロが出ます。

長所は「やさしい」「我慢強い」「冷静沈着」等、人柄の良さを表現できるものなら何でもＯＫですが、できれば**「社会人として間違いなく役立つ長所」**が良いでしょう。

ポイントは、「好感の持てる人柄だ」と感じてもらえないと意味がないので、長所を裏付ける**エピソードの説明には工夫が必要**だという点です。

「ＯＫ！」例を見てください。

社交性の高さは社会人にとって必須の資質ですから、この長所は非常に好感度が高いと言えます。

加えて、「困難な状況の中で会得した長所」である点が、さらに好感度を増してくれるでしょう。

「現在の私の考え方」、そして「困難をポジティブにとらえられている点」というところも、非常に前向きです。

「好感の持てる人柄」と「前向きさ」は、特に学生の場合はイコールで結ばれます。

したがって筆者は、「長所を裏付けるエピソードは、前向きさで締める」を推奨しています。

OK!

「私の長所は、誰とでもすぐに打ち解けられることです。

子供の頃、父の仕事の関係で転校を4度経験し、その度にゼロから人間関係を築くことになりました。

訛りがあったからか、からかわれたりもしました。露骨に皮肉を言ったり無視する人もいました。

それでも、自分から相手の懐に飛び込んで、少しずつでも関係を作っていくしかないと次第に腹を括るようになりました。

そんな経験を繰り返しながら、誰とでもうまくやれるという自信を持てるようになりました。

少々楽天的と思われるかもしれませんが、『話すことさえできれば、どんな人とでも親しくなれる』というのが、今の私の考え方です。

やっとクラスの皆とどうにかうまくやれそうだと思ったらまた転校、というくり返しで、当時は父を恨んだりもしましたが、今では良い経験をさせてもらったと、ポジティブに考えられるようになりました」

5-9 「あなたの短所を教えてください」

「マイナスの話をすると損なだけだ、真正直に答えてはいけない」という思い込みから、「短所は慎重すぎることですが、これは何事においてもしっかり考える、という長所でもあります！」と、短所を長所に置き換えるのが正しいと思っている人はたくさんいます。

これは逆効果です。

薄っぺらい「就活テク」に溺れた小賢しい人という印象を与えること必至です。そもそも、短所のない人は世の中にはいないのだから、素直に伝えればいいのです。

もちろん、短所を実直に言い切って終わりで良いわけではありません。

克服するための努力を伝えて短所をフォローするのが、最も大事なことです。これを聞きたくて、面接官は質問しているのです。

たとえば、「あがり症なところがある」という短所を伝えたとしましょう。

これに対して、「事前に準備を徹底して場数を踏むように努めている」と、小さなことでいいから、具体的な事例を用いてフォローします。

これにより、短所を放置せず改善しようとしている前向きな姿勢をＰＲでき、好印象を持ってもらうことができます。

なお、短所克服の努力は、心がけレベルの話なので、成果は伴わなくてもかまいません。

逆に、

「○○といった努力により、私は短所を克服しました！」

と成果を主張すると、

「短所を克服した？　あなたはそんなに完璧な人間なの？」

と、面接官も疑ってかかるでしょう。

ここは現在進行形で語っておけば充分です

OK!


「はい、こういった面接のように、厳粛な場では緊張してしまう、あがり症なところが私の短所です。少しでも緊張感を減らすために、ふだんから事前準備を徹底するように努めています。この面接に臨む前も、お伝えしたいことを何度も書き出してまとめて、時間が許す限り復唱してきました。

サークルの先輩やゼミの教授にも、面接に臨む心構えについてアドバイスを頂くなど、自分なりにやれることはやってきたつもりです。

志望度の高い御社の面接なので、今も緊張はしていますが、せっかくいただいたチャンスなので、準備してきた成果をきちんと出し切りたいと思っています」

5-10 「あなたの趣味は何ですか？」

就活テクにならって、趣味も「志望動機」や「自己ＰＲ」に結びつけようと必死になる人が多いのですが、面接官は必ずしもこれらを求めているわけではありません。
また、面接官に自分のことを印象付けようとして、レアでとがった趣味話を選んでアピールしようとする人もいますが、当然ながら、そういうものを聞きたいわけでもありません。

趣味の選択は、本当に趣味としていることであれば、ありがちな音楽鑑賞でも動画鑑賞でも、何でもかまいません。あまりやっていないのに、「パソコン活用」とか「英会話」と、無理にビジネスに関連づける必要はありません。
だからと言って、単に「読書が趣味です！」で終わってはＮＧ。

面接官が聞きたいのは**「その趣味を通じて、あなたが得たもの、得たことは何ですか？」**です。
たとえば、

- 映画鑑賞で、日常の喧騒から離れられ、感性を磨くことに役立っている
- ジョギングで心地よい汗を流すことで心身ともにリフレッシュでき、少しずつ体力もついてきた
- 料理で、手際の良さやタイミングの重要さを学べる

といった具合です。

これに加えて、筆者がおすすめするのは「前向きな姿勢」ＰＲにつなげるやり方です。「ＯＫ！」例を見てください。

凡庸な音楽鑑賞ですが、好きな音楽で自分を引き締めるというエピソードから、「前向きな姿勢」を感じさせます。

さらには、応募企業への志望の意欲もさりげなくアピールできているオマケつきで、面接官もプラス評価に傾くこと間違いなしでしょう。

OK!

「私の趣味は、音楽鑑賞です。

J-POPが好きで、YOASOBIをよく聴きます。紅白にも出場した音楽ユニットで、『群青』という曲が代表作です。

私はこの曲に出てくるフレーズが大好きで、落ち込んだ時などは、これを聴いて自分を元気づけています。

また、大事なことに臨む前には必ずこの曲を聴いて、気持ちを引き締めるようにしています。

御社は最も働いてみたい会社の一つですから、この面接に臨む前にもこの曲を聴いて、気合を入れてきました」

5-11 「あなたの夢は何ですか?」

ここは、本音であっても、「幸せな家庭を築きたい」「マイホームを持ちたい」といった、自身のプライベートな夢を語るところではありません。

応募企業に入社してからの、「仕事上で実現したい夢」を語るのが、定石中の定石です。

したがって、**「応募企業」×「仕事上」**という2つの要素を必ず盛り込んで回答します。

特に「応募企業」の事業展開や社風等、企業の特徴とベクトルを合わせておくことが重要です。

たとえば、「(応募企業の事業とはまったく関連性のない)新規事業を立ち上げたい」等と話すと「それなら当社よりR社が向いてるね」と見限られること必至です。

企業研究に基づいて、

「説明会でお会いした内藤様のような、立派なアカウントマネージャーになるのが私の夢です。将来はＶＩＰ企業を任され、倉橋さんだから安心して一任しているとお客様に絶対的に頼られる存在になりたいです!」

と、現実に即したかたちで、こじんまりまとめる人が大半を占めます。

しかし、ここはライバル達と差別化するため、学生らしく「壮大な夢」を語りましょう。たとえば、

「御社の社長になって積極的に海外展開し、自らもトップ営業を仕掛け、世界ナンバーワン企業に

するのが夢です」

といった大きさです。

ただし、大きな夢の後には、その戦略やプランを説明するフォローを入れて、ハッタリではなく「ちゃんと考えています！」ＰＲもしておきましょう。

面接官を唸らせるほどの説明力があれば最高ですが、この道筋の正当性を説明するのは学生レベルでは困難です。多少青臭くても、意気揚々と自分なりの説明を述べておけば大丈夫です。

OK!

「私の夢は御社の営業で、未来永劫破られることがないくらいの圧倒的な実績を残すことです。年間に4棟売れば一人前で、過去最高では5倍の20棟売った人がいると会社説明会で聞きました。御社で営業として働けるなら、絶対にこの記録を越えたいです。

これだけを売るには、既存のやり方では無理でしょうから、逆算で考えて行動計画に落とし込む必要があると思います。

売れている先輩社員の営業手法を参考にさせていただく、ネットを駆使するなど、あらゆる可能性を試して自分なりの成功法則を見つけます。

そして、この成功法則を社内で活かすため、いずれは教える側に回って後輩育成に尽力し、私の営業メソッドが、御社の営業の規範となるように普及させたいと思います」

5-12 「友人は多い方ですか？」

「当然、多いと答えなければ」と思っている人が大半かもしれませんが、面接官は「友人が多いか少ないか」を聞きたいわけではありません。

あなたの**「友人との付き合い方」について話してほしい、それにより人となりを知りたい**と思っています。

したがって、「多い」でも「少ない」でもかまいません。

「ここから、あなたの人間関係構築スキルを測りたい」といった深い意図があるわけでは決してないので、難しく考えなくてＯＫです。

とはいえ、ここは就活面接の場であることも事実。何らかのアピールをしたいですね。

そこで筆者がおすすめするのは、**「ケンカや、本気でぶつかり合ったことのある、濃密な友人関係について語る」**です。

というのは、いわゆる「ゆるーい」関係、つまり対立や調整など面倒を避け、双方にとってラクで都合のいい距離感でしか人とつきあえないようでは、当社のビジネスをしっかりやっていけるか心許ないというのが、面接官が危惧している点だからです。

「ＯＫ！」例を見てください。

「多くない」と事実を話した後、親友の話に切り替え、時には言い合いもする深い関係を伝えることで、「濃密なつきあい」ができることを証明できています。

最後に、一生つきあっていきたい友人であることのＰＲからは、友人関係の強さと友人想いの側面を感じることができるので、好感度もアップすることでしょう。

OK!

「いえ、残念ながら多くはありません。

友人と呼べるのは一人だけです。

実はそのA君とも、しょっちゅう一緒にいるような仲ではありません。

性格や考え方が正反対で、彼は思ったことをそのまま口に出すので、いつもつかみ合いのケンカ一歩前くらいの言い合いを繰り返しています。

ただ、彼の言うことは正直、カチンとくることも多いのですが、後で考えると納得できることばかりで、実際には他の誰も言ってくれない、ありがたいアドバイスになっています。

彼も、私に対してそう思ってくれていると思います。

飲み仲間はそこそこいますが、友人、中でも親友と呼べるのはA君だけで、彼とはこの先も一生つきあっていきたいと思っています」

5-13 「あなたはストレスに強い方ですか？」

ストレスにより多くの社員が疾患にかかる今、「あなたは当社で安定して働けるのか？」は、面接官にとって重要なチェック事項です。

この質問で面接官が聞きたいことは、ズバリ**「ストレス解消法」**です。

より詳しく言うと、

「仕事には多少なりともストレスがかかることもある。そのときうまく解消して、安定したパフォーマンスを出せる人かな？」

ということを知りたいのです。

したがって、解消法なら何でも良いわけではありません。

たとえば、**「旅行で発散しています！」はNG**。仕事でストレスを感じるたびに、会社を休んで旅行に行くわけにはいきません。

面接官の意図を知っておくと答え方が変わるというのは、こういうことです。

もっと地味な、たとえば「長めの風呂に入る」「友人に話を聞いてもらう」「好きな音楽を聴く」といった、**「ふだんできるもの」**を伝えましょう。

実際の受け答えですが、まずは「強いか弱いか」を、はっきり言います。

「すごく弱いです」は、さすがにＮＧです。わざわざ強調する必要はありません。

逆に、無理して「強いです！」も、必要もありません。

確かに、ストレス耐性は弱いよりは強い方が良いものの、ここは自己申告の世界なので、あまりに強気だとうさん臭く思われます。

したがって、「ＯＫ！」例のように、あいまいにボカして表現しておくのがベストです。

そのうえで、ストレスをためない工夫を具体的に語ってください。

ここが最も大事なポイントです。

「ストレス耐性が強い」というメンタル面の強さをＰＲできても、体が弱いと安定して働けません。

「ＯＫ！」例のように、心だけでなく、体の健康アピールにもつなげられると、さらに効果的です。


OK!


「ストレスにはそんなに強くないと思いますが、できるだけためないように意識しています。

私のストレス解消法は、嫌なことがあったら趣味でもあるジョギングで軽く汗を流して、その日は余計なことを考えずにさっさと寝る、です。

一晩ぐっすり眠ればスッキリしますし、気持ちをリセットできます。

あまり体が丈夫な方ではなかったのですが、このジョギングをするようになってからは風邪もひかなくなり、心身ともにとても健康になりました。

今後も続けていこうと思っています」

5-14

「苦手なタイプの人を教えてください」

無理に「苦手な人はいません」はＮＧ。正直に伝えましょう。

どういうタイプを回答してもかまいませんが、ポイントは**「その苦手な人と、どのように向き合っているか？」**です。

「逃げる」、「避ける」は論外です。仕事をするなかで当然、日常的に起こりうる問題に、あなたならどう対処するか、面接官は知りたいのです。

「距離を置く」と綺麗に表現すれば良いと思うかもしれませんが、実態として「逃げている」「避けている」では、仕事になりません。

職場は理想郷ではありません。嫌味を言う先輩もいるし、理不尽な指示をする上司だっています。「私は悪くない、○○さんに非がある」と主張するばかりで、**職場にうまく順応できない若手社員も最近は多いのです。この面接官の懸念をぜひ払拭しておきましょう。**

したがって、

「苦手なタイプは○○です」

と伝えた後に、たとえば、

「人は自分を映す鏡と言います。こちらが嫌だと思えば相手にも伝わり、相手も私を同じように思うはずです。胸襟を開いて向き合えば、うまくいくと信じています」

と、普段から心がけていること等でフォローします。そして、

「実はアルバイト先で、細かい先輩がいて困ったのですが、逃げていても仕事にならないので、こちらから積極的に話しかけ、興味のある話を聞き出し、それを調べて雑談ができるようにして〜」

と、改善の努力エピソードを添えましょう。

このようなエピソードがない場合は、「ＯＫ！」例のように未来志向で語ることで、問題から逃げない姿勢をＰＲしておけば大丈夫です。

OK!

「苦手なのは、いわゆる押しが強くて、こちらの話に耳を傾けて下さらないようなタイプです。

３年の夏に行ったインターン先の職場で、そのような担当者がいらっしゃって、インターン期間中はなるべく距離を置くようにしてきましたが、結局インターンシップ自体が消化不良で終わってしまいました。

社会人になるのだから、このままではいけないと感じるようになりました。

先日、父に就活について報告がてら、この話をしたところ『プライベートなら好き嫌いで判断しても良いだろうが、働く際はプロフェッショナルに徹しないと。職場で苦手うんぬんは言っていられないよ。逃げずに正面から向き合ってみる方が良い』とアドバイスをもらい、納得しました。

これからは逃げずに向き合っていきたいと思います」

5-15 「持病や既往症、大病を患った経験はありますか？」

この質問は、一見すると「当社に入社したら、きちんと働き続けることができるか？（健康面で）」をチェックするのが目的に思えますが、異なります。

健康面での問題の有無を、面接での自己申告だけで判断することはありません。

それよりも、**「あなたは自身の健康維持のために、どのような取り組みを実践しているのか、聞かせて欲しい」**というのが面接官の本音です。

なぜなら、社会人にとって健康維持は必要不可欠ですが、これには継続力が必要です。怠ると出勤がままならずに休みがちというケースが現実によくあるので、確認しておきたいのです。

したがって、健康上なんら問題なければ、

「いえ、特にありません」

と伝えたうえで、

「1年前から毎日３㎞ほどウォーキングをしていて、毎日とても健康に過ごしています」

といった、健康増進アピールしておきましょう。

なお、勤務に耐えられないような持病がある場合は、別次元の話ですので、ここでは扱いません。

そこまではないにしろ、なんらかの疾病がある（あった）場合、隠さずに真実を伝えて、医師の診断内容や日常生活の過ごし方等から、通常の勤務には何ら問題がないことを説明します。

そして「疾患がある（あった）からこそ、ふだんから体調管理には徹底的に気をつけている」といった点や、具体的な健康維持習慣に触れて、健康に対して特に意識が高く、継続して維持に努めていることをアピールします。

OK!

「高校生の頃から〇〇症にかかっており、継続治療中です。

といっても、月に1度医師に現況を報告する経過観察レベルで、働くことには何ら支障はありません。担当医師からも『就職にまったく支障はない』と、お墨付きをもらっています。

スーパーの陳列係のアルバイトを週3日、約2年続けていますが、この病気のせいで休んだことは1度もありません。

この病気にかかってからは、人一倍健康に気を使うようになり、冬の外出時は必ずマスクをし、帰宅したら手洗い、うがいを徹底しています。

病気になる前は気にかけなかったのですが、同じように病気や怪我をされていたり、ハンディキャップがあるといった辛い立場の人に気遣いができるようになったプラス面もあって、嫌で仕方がなかったこの症状を、少し前向きにとらえられるようになりました」

5-16 「あなたにとって仕事とは何ですか？」

この質問には、明確な正解モデルがありません。

「お金をかせぐための手段です」のようなストレートな本音も、学生の立場なら許されるでしょうし、就活生がよく口にする「自己成長の場です」も、間違いではありません。

「正直言って、まだ働いていないのでよくわかりません。でも、〜でありたいと思っています」といった本音ベースの答も、知ったかぶりをして講釈を垂れるよりは好感を持たれる場合もあるでしょう。

つまり、**面接官によって、どの答え方が高評価なのかが変わってくる**のです。ある意味、このような概念を問うものは回答が非常に難しいと言えます。

ここで筆者が推奨するのは、「現実に基づきながら理想にも触れておく」です。

たとえば、収入がなければ生活が成り立ちませんから、「生活をしていくための手段である」、「経済的に自立するための手段である」といった現実的な話を最初にしておきます。

しかし、これだけでは仕事に対して夢も希望も感じられないし、働く意欲が弱いと見られる危険性もあります。

よって次に、

「と同時に、仕事を通じて、やりがいや生きがいもきっと得られるだろうから、仕事はやりがい・生きがいでもある」

と、理想論な話をします。

これで、これから働くという現実をしっかり理解していることに加えて、仕事に対する前向きな姿勢をアピールすることができます。

OK!

「私にとって『仕事』は、2階建ての建物のように考えています。

まず建物の1階に当たるのが、生活を安定させる手段であるということです。きちんと仕事をし、対価として給与をいただくことで、安心・安定した生活が送れますので、この手段が建物の基礎である1階部分であると考えます。

次に、仕事を通して自らを成長させていきたいので、仕事は『自己成長の場』とも考えています。これが2階に当たります。

この2階建ての建物のように、1階があって初めて2階が成り立つわけで、『自己成長』の想いだけでは飯は食っていけないと思っています。

きちんと仕事をすることでまず生活を成り立たせ、その上で仕事に対する自分の理想も追っていきたいと思います」

5-17 「社会人と学生の違いは何だと思いますか？」

この質問から**面接官は、「社会人に関する正しい理解」&「社会人になるための覚悟」の2つを確認したい**と思っています。

つまり、学生時代にはありえなかった「責任の重さ」「自由の少なさ」「割り切らなきゃいけない諸々のこと」を、しっかり理解できていて、覚悟もできているのかを見たいのです。

この「違い」は、的外れでなければ、何でもＯＫです。

しかし口では何とでも言えますから、しっかりした裏付けが必要になります。

したがって、実際に社会人と接した経験から、社会人との違いについて説明するのがベストです。

なお、ＯＢ・ＯＧ訪問時の話だと付け焼刃な感じに聞こえかねないので、ここでは避けた方が無難でしょう。

一方で、あまりにシリアスすぎると、社会人になることに対してネガティブな人と見られてしまいます。

なので、ここは学生らしく、

「その分〜〜といった、やりがいがある」

「〜〜の理由から、社会人になるのが楽しみだ」

といった「社会人になることへの前向きな姿勢」も、盛り込んでおくことをおすすめします。

「ＯＫ！」例を見てください。アルバイト先の店長が休みを返上して働くエピソードから、違いである「責任感の重さ」をしっかりと裏付けています。

最後に、重苦しい話を切り替えて、欲しいものを買うという微笑ましい話で社会人になる意欲をうまくアピールしています。

OK!

「違いは『責任の重さ』だと思います。

学生なら軽率な行動をしても仕方がないと許される場合がありますが、社会人となるとそんな甘えは認めらないでしょう。

今のアルバイト先で、休みだった店長が、無断欠勤した学生バイトの代わりに、家族との買い物を切り上げて出勤されたのを目の当たりにしたことがあります。『いるはずの（人数の）スタッフがいなくてお客様に不便を感じさせてしまうと、悪評が会社全体に及ぶことがある』と店長から聞き、背負っている責任の重さを痛感しました。

もう一つ、これとは別の違いですが、社会人になると経済的な余裕が生まれます。今は学生なのでお金はありませんが、社会人になったら買いたいと思っているものが、たくさんあります。

責任の重さを自覚しながらも、欲しいものを買うなどして、社会人生活を満喫したいと思っています」

5-18 「仕事とプライベート、どちらを重要視しますか？」

この質問で**面接官は、「働く覚悟できているかを確認したい」**と思っています。

ワークライフバランスが浸透してきましたが、ここはやはり仕事をする企業の採用面接ですから、仮に「プライベート」重視派だったとしても、「仕事」を選ぶのが常道で、「プライベート」選択はありえません。

二択の質問なので、どっちつかずの**「どちらも重要です！」では、質問に的確に回答せずはぐらかしていることになりNGです。**

具体的な答え方ですが、「仕事」を選択した後、これを重視する理由を、仕事への想いや自分なりの考えを交えながら説明します。

この「働く大変さはちゃんとわかっていて、その覚悟はできていますよ！」という点を、**現実味のある説明できるかがキモです。**

したがって、

「私にとって仕事はやりがいの塊で、自分の夢を仕事で実現するために、これから一生懸命働いていきます！」

といった青臭い理想論・精神論だけだと、仕事をしていく自覚や認識が甘いと見切られます。

だからこそ、「ＯＫ！」例のように**社会人の声を引用する、または参加したインターンシップでの実際の就業体験などを持ち出す**などして、仕事の大変さや働くことの現実に必ず触れるようにしてください。

なお、ここで「仕事を頑張る」ＰＲをしたいがあまり、

「もちろん仕事です。憧れの御社に入社が叶いましたら、不眠不休でバリバリ働きます！」

と、**「社畜になります宣言」をしてしまうと、かえってあざとくなり、マイナス印象を持たれます。**控えましょう。

OK!

「仕事です。とはいえ、アルバイトで働いた経験はありますが、実際に社会人として働いたことはありませんので、自分が働くことについて、まだ十分にイメージできていません。

ただ、働くということは大変で、甘くないことはちゃんと理解しているつもりです。

先日、サラリーマン生活30年目の父も『仕事っていうのは、8割が意にそぐわないものなんだよ』と申しておりました。

しかし『すべての仕事＝嫌なこと』ではないでしょうし、最初は無我夢中でも目の前の仕事を地道にこなしていけば、しだいにやりがいも感じられ、目指すべき目標も見えてくると思っています。

もちろん、プライベートも大事にしたいのですが、仕事があってこそ生計が成り立ち、その結果プライベートも充実すると考えていますので、優先順位は仕事が上になります」

5-19 「職場の雰囲気と仕事のやりがい、どちらを優先しますか？」

この質問には絶対的な正解がないため、どちらを選んでも間違いではありません。

パワハラ撲滅が叫ばれて久しい今、「職場の雰囲気」を選びたくなる人は多いかもしれませんが、ここは無難に**「やりがい」を選択しておきましょう。**

というのも、「職場の雰囲気」優先だと、環境依存型の人間とみなされる危険性があるからです。**「やりがい」優先だと、「厳しくて雰囲気が悪い環境でも、やりがいさえあれば仕事をやり抜くことができる」と仕事に対する高い意欲をアピールできる**からです。

具体的な答え方ですが、「仕事のやりがい」を選んだ後、理由を述べます。「仕事のやりがい」だけに焦点を当てた絶対的なものでも、「職場の雰囲気」と比較した相対的なものでも、その両方でもかまいません。

そして、応募先企業への志望理由に触れるなどして、「やりがい」があればこそ困難な任務もこなせる、という仕事意欲アピールにつなげておきます。

「ＯＫ！」例を見てください。

なぜ「やりがい優先」なのかを「職場の雰囲気」と比較して、的確に理由づけしています。

さらに、両立できれば理想的だが現実的ではないと、「現実をちゃんと理解している！」ＰＲを盛り込んでいるのも良いです。

最後に、応募先企業への志望理由に関連付けて、「やりがいがあれば大変な任務も乗り越えられる」と締めておけば、仕事への高い意欲を感じ取ってくれることでしょう。

OK!

「『仕事のやりがい』を優先します。

いくら職場の雰囲気が良くても、やりたい仕事ができなければストレスを感じてしまうと考えるからです。

もちろん職場の雰囲気も大事ですが、職場環境に左右されるのは真のプロではないと思います。両立できれば最高ですが、現実の職場においては難しいこともあるでしょう。

先ほど、○○に携わりたい想いから御社を強く志望している旨を申し上げました。

自分が本当にやりたいと思っている○○の仕事に就けば、厳しい環境や困難な状況であっても、やりがいがあるので乗り越えられると考えています。

以上から、仕事のやりがいを優先したいと思います」

5-20

「転居を伴う転勤について、どう考えていますか？」

この質問は、転勤がない企業や「フルリモート可」の企業ではされません。

逆に言えば、それ以外では聞かれる可能性があるということです。

まず、「転居を伴う転勤を受け入れられるか？」を問うています。

答は**「もちろん、大丈夫です！」の一択です（無理なら応募先企業か職種を変える他ありません）**。

ただし、「大丈夫です」、「問題ありません」で終わらせず、**「転居を伴う転勤をプラスに捉える前向きさ」をPR**しておきましょう。たとえば、

「職場環境だけでなく生活環境も大きく変わることは、自分を成長させるチャンスと捉えています」

「いろんなところに住んで生活できるのは、一度きりの人生を豊かにすると思っています」

という具合です。


「OK！」例を見てください。

転勤を、「仕事だから仕方ないと渋々受け入れる」、もしくは、「とりあえず大丈夫！　と言っとかないとマズイ」というスタンスではなく、むしろ「楽しみ」とプラスに捉えていることを伝えています。

そして、すでに単身生活に慣れていることで、「どんな環境でも生活できる！」というPRをしっ

かり裏付けています。

最後に、転勤シーンで起こりうる「別れ」と「出会い」に触れて、「楽しみ」に関連付けておくのも、好印象を与えることでしょう。

OK!

「転居を伴う転勤は、まったく問題ありません。ということよりも、仕事をきっかけに、今まで住んだことがない、違う土地で新しい生活ができることはむしろ楽しみと捉えています。

高校までずっと田舎の実家暮らしで、引越しした経験がなかったのですが、大学入学と同時に上京し、一人暮らしを続けています。上京前は東京での一人暮らしが不安でしたが、今は身の回りのことをすべて一人でできるし、どこでも暮らしていける自信がつきました。

転勤となると、仕事上でも生活上でも、それまでの人間関係がいったん切れてしまうのは残念ですが、一方で新しい環境で新しい人達と出会えることも、楽しみに思っています。

『転居を伴う転勤』を自分なりに前向きに捉え、楽しみたいと思います」

5-21

「あなたにとって理想の上司とは？」

バカ正直に「自分に都合の良い理想の上司像」を答えるのは論外です。

会社において、上司とは厳しいものであるということを、きちんと理解できているか。まずそこが見られます。

したがって、**「厳しさ」に触れておくことが必須**です。

さらに**「自己成長」の要素を盛り込む**のが、筆者推奨の答え方です。

なお、ここでいう「自己成長」とは、どんなに厳しい環境に置かれても、自ら意欲的に成長しようとする姿勢を指します。

よって、「厳しい上司が理想です！」だけではNG。

これを「自己成長」につなげるエピソードが必要になります。

たとえば、学校の先生や部活の監督に厳しく叱られたことで自分の意識が変わったといった、「あの時の先生の指導があったからこそ、今の私がいる」という経験、ありませんか？

このような「自己成長」の源泉となった経験があれば、盛り込んでフォローします。

このような経験が見当たらない場合は、ＯＢ・ＯＧ訪問時の内容を活用する方法もあります。

たとえば、

「弊社の上司や先輩は、仕事を手取り足取り教えてくれるわけではない。簡単に人を頼るな。自分で考えて行動しろという、一様に厳しいスタンスだけど、むしろ厳しい環境の方が実力がつくと考えているよ」

というＯＢ社員の声を引用し、私も共感できたといったエピソードを語るのです。

このように、**「厳しい上司が理想」で終わらず、自身に成長しようとする意欲があることを、実体験に基づいてフォローする**ことが大事です。

OK!

「理想の上司は、誤りがあった際、その場で叱って正してくださる方です。

飲食店のアルバイト先で、接客態度が悪い後輩を何とかしないとと思いつつ注意できなかった苦い経験があります。

叱られるのは誰でも嫌だと思いますが、このバイトの経験から、叱る側にも相当の決意と相手を思いやる愛情が必要だと感じました。

私のように、後輩に嫌われたくないからと問題を放置する上司では、部下もその組織も成長できないと思います。

適宜叱ってくださる厳しさが将来、肥やしとなって自分が大きく幹を伸ばすことにつながると考えていますので、愛情を持って厳しく接して下さる上司が私の理想です」

5-22 「今後、この業界はどうなると思いますか？」

みなさんはネットの情報や書籍で、事前の業界研究はやっているでしょう。

しかし、認識しておいてほしいのは、就活レベルの研究は、しょせんは付け焼き刃ということです。現役バリバリの業界人を相手に、「具体的な数字を交えた説得力のある展望」を語るのは難しいでしょう。そこで筆者が推奨するのは、

「正直なところ、よくわからない。しかし業界がどうなろうとも、私は～～を目指していきたい！」

と、学生らしく本音で語って好感を得、業界で働く意欲をアピールする作戦です。

具体的な流れとしては、

・まず一般的な知識レベルの業界動向や展望に触れて、最低限の業界研究はきちんとやってきたことを伝えます。

・次に「正直、よくわからない」旨を語り、その理由を説明します。

たとえば、

「先を読むのが本業である優秀なエコノミストですら、日経平均が４万円を超えるなんて見通せていなかった」

「KDDIがローソンの経営に参画するなんて、誰も予想しなかった」

と、事例を引いて説得力ある説明を展開します。

そして、「業界が激変しても、私は業界内で〜〜という方向を目指していく！」という自分の想いを語るのです。

「ＯＫ！」例を見てみましょう。

まず、自分で調査してきたことをしっかり発表できています。

ここで終わらないのがポイントです。権威者の言葉を借りつつ、自分は未体験であることから、先のことはわからないと言っています。

そして最後に、この業界における目標と意気込みをアピールできています。

OK!

「一般社団法人△△の年次報告書によると、店舗数はこの3年間、ほぼ横ばいながらも徐々に減少と発表しています。今後も新規出店による成長は見込めない可能性が高く、主要3社も海外事業を強化しています。

しかし、稲盛和夫さんも『3か月先のことは予測できても1年後は予測できない』と仰っています。まだ働いていないので、今後の業界がどうなるかなんて、正直、よくつかめていません。

ただ、業界がどうなっても、私のこの業界でスーパーバイザー職を目指したいという気持ちは揺るぎません。この目標実現のために、全力を尽くして働こうと考えています」

5-23 「当社の課題は何だと思いますか？」

この質問で面接官は、**「企業研究の成果」**をチェックした上で、**「課題解決へのあなたなりの考え」を聞かせてもらいたい**と思っています。

なので、思いつきレベルはNG。会社批判につながるものもNGです。

この「企業研究の成果」を伝える際には、**業界動向や関連ニュースをきちんと押えた上で、OB・OG訪問や会社説明会で聞いた話を持ち出すなど、現実的な話を**しておきましょう。

その上で、「課題をクリアするにはどうすべきか？」について、**あなたの見解**を述べることが最も重要なポイントになります。

ただし、「実現の可能性」は、さほど重視されません。当事者でもないのに知った風に語るとかえって印象が悪くなるので、青臭くても「学生らしい見解」を語っておけば充分です。

筆者が推奨するのは、回答の最後に、

「御社に入社し～職で一生懸命働き、課題解決のために少しでも貢献したいと思っています」という**入社意欲アピールで締める**ことです。

ただし、「私に任せてください！　私がなんとかしてみせます！」的なスタンスだと、経験も根拠もないのに自己顕示欲ばかり強い人と見限られます。

ここは「少しでも貢献したい」と謙虚さを表現しておきましょう。

「OK！」例を見て下さい。

課題を答えた後に、具体的な数字や時間軸を使って、調査した内容を正しく話しているので、「企業研究の成果」は伝わるでしょう。

次に、リアルな社長の発言を引用した後、「社内体制の改変だけでは解決しない」と、自分なりの見解を述べているのはグッドです。

最後に、自分が少しでも役立ちたいという入社意欲アピールでまとめることに成功しています。


OK!


「主力製品◎◎のシェアが低下している点だと思います。調べたところによると、2015年度には業界2位でしたが、2020年度から4位です。市場が斜陽な中、この先はもっとシェア争いが激化するでしょう。

先日の説明会で御社社長は、『当社は内向きの論理で動く傾向がある。最も大事なのは顧客だ。現場の声をもっと反映できる体制にする』と仰っていました。

ただ、社内体制を変えただけで、すべての問題が解決できるわけではないかもしれないので、顧客に接する営業の力こそ解決の鍵ではと考えます。

御社入社後は、希望の営業職に就き、お客様のところをできるだけ多く訪問して拡販に尽力し、微力ながらもシェアアップに役立ちたいと思っています」

5-24 「当社のホームページを見た感想を教えてください」

面接官は、「当社を受験している以上、最低限、当社のホームページ（ＨＰ）くらいは隅々まで読んでいるはず」と考えています。

なのでまず、この質問で、**企業研究をどれだけきちんとやっているかを確認したい**のです。

この質問に他意はありません。感じたことをそのまま述べればいいのです。

だから、良いことを言おうとして、「～中でも、ＨＰに掲載されている社長メッセージに共感して御社を志望した」と、**強引に志望動機に関連付ける必要はありません。**

またデザインが優れている、色遣いがいい、ボタンの配置がいい、などの褒め言葉の連続も、効果的な回答ではありません（これらはウェブデザイナーの腕ですから）。

皆さんは企業研究の一環としてホームページを見ているわけですから、ここは応募先企業だけに絞らずに、**「ライバル会社との相違点を見出して感想を述べる」**をおすすめします。

たとえば、

「どの会社も基本的な構成は同じだが、御社のＨＰは、トップページから知りたい情報にすぐにたどり着けたので、一番使いやすいと思った」

といった具合です。

さらに、プラス面だけでなくマイナス面にも触れておくと、説得力が出ます。

最後に、リアルな企業研究と絡めておくと、感想に厚みが出て一層良くなります。

たとえば、

「会社説明会で『当社は同業他社のどこよりも顧客第一主義を貫いていると胸を張って言える！』と伺いましたが、このHPの使いやすさにも表れていると思います」

といった具合です。

OK!

「御社のホームページは、フォントがちょっと小さくて見辛いページもありましたが、感覚的に触っていれば調べたいページにたどり着くところが素晴らしいと思いました。

一方、同業のA社のHPは、フラッシュ動画がいきなり流れるといった凝ったものが多くて、調べたいページにたどり着くまで時間がかかり、ストレスを感じることがありました。

私が一番感心したのは、御社の採用ページです。

就活生の知りたい情報がFAQ集にまとめてあり、OB・OG社員のインタビューも、他社を圧倒する量が掲載されていました。

御社社長は『ミスマッチはお互い不幸』と説明会で仰っていましたが、この問題をなくそうという姿勢が、口だけでなく、この採用ページから垣間見られたため、大変僭越ながら有言実行される会社だという印象を持ちました」

5-25 「当社の説明会に参加した感想を聞かせてください」

この質問は、要はあなたの**「志望度がどんどん高まっています」という思いを確認するため**のものです。

会社説明会は公式なもので、皆さんとリアルに接する場所です。ホームページや会社パンフレットでは見えないところも多いし、非公式なＯＢ・ＯＧ訪問とは情報の重さが違います。

だからこそ、志望度を語るにはもってこいの材料と言えます。

ほとんどの就活生は、良いことしか言わないでしょう。

無理もありませんが、面接官は、「御社社員の方々が輝いていました！」「参加して本当によかった！ぜひ選考を受けさせていただきたい！」といった美辞麗句は聞き飽きています。

差をつけるやり方として、

「他社の説明会との比較から改善点にも触れておく」

を、おすすめします。

そもそも**面接官は、他社の説明会に参加できません。就活生の方が情報量的に有利**なのです。これを活かし、他社説明会の参加体験と比べて、改善点を述べておくのです。

もちろん、ここで終わってはダメで、最後に「志望度が高まった」で締めるわけです。

「ＯＫ！」例を見てください。

会社説明会の様子から、応募先企業の社風を感じ取れたことを伝えています。次に、他社との比較から改善点を述べています。問題を柔らかく指摘し、解決方法を示しておくのがキモです。

そして最後に、リアルな接点から、参加前と違って志望度が高まったことをアピールしています。

OK!

「形式ばったところがなくカジュアルで、就活生の質問にも気軽に応じて下さるなど、アットホームで良い雰囲気でした。御社の社風の表れだろうと思いました。

一方、他社の説明会と比較して、質疑応答の時間が少々短いかなと思いました。ある会社では、終了時間をすぎたら、いったん会を締めた後に希望者を募って質問を受けていたのが印象的でした。

今回、御社社員の方々と直接触れ合うことができ、また社長の熱いお話も目の前で聞けて、御社で働くイメージがわいてきました。

参加前にはまだぼんやりとしていた御社への志望度ですが、この説明会で非常に高まったことは間違いありません」

5-26 「最近関心を持ったニュースは何ですか？」

日経新聞レベルのニュースをチェックしておくのは、就活生として当然です。

昨日や今日の日経新聞の１面を飾ったニュースを正確に言えたとしても、ライバルも同じことを言うでしょう。

したがって、ここは応募企業や業界に関連したニュースを選択して、応募企業への造詣や熱意を感じてもらうことを目的とするのがキモです。

とはいえ、企業や業界に関連したニュースといっても、あわててネットで調べたような凡庸なものはＮＧ。この程度だとライバル達と被る可能性が大いにあります。

業界新聞や専門誌で取り上げるような、「業界ではメジャー＆一般社会ではマイナー」といったニュースをあえて選択するやり方を推奨します。

ここまで深く追究すると、**他の就活生と被らないし、面接官にも「業界研究をしっかりしているな」と業界、当社を志望している熱意を感じ取ってもらえる、**という２つの大きなメリットがあるのが理由です。

意中の会社から内定が欲しいなら、業界新聞や専門誌を購読するくらいの企業研究をしておかないと、自分より優れた学生達に勝つことはできません。

この場合「○○産業新聞によると～」と、必ずニュースの**出典を明らかに**しておきましょう。現実的には日経新聞すら読んでいるかも怪しい就活生が多い中で、業界誌にまで目を通していることは充分「売り」になります。

加えて、選んで終わりではなく、自分なりの感想や意見を添えておきましょう。

ここは極論にせずごく普通の**一般論を展開するのが無難です。これで面接官に「業界のこともよくわかっている」と思わせるのです。**

OK!

「先週の『人材ビジネス新聞』で掲載されていましたが、ＩＴベンチャー企業が転職希望者の応募書類をＡＩで自動生成するサービスを開始したニュースに大変関心を持ちました。

就活のエントリーシートもそうですが、応募書類の作成は大変な負荷がかかり、転職活動をスタートする大きなハードルになっていたとのこと。こうしたサービスがあれば気軽に応募できるため、転職志望者も増加し、人材の流動化がより一層進むと思いました。

ただ、応募書類の文書作成能力も選考材料としているのなら、自分で作成せずＡＩに任せていいのかが気にかかります。

いずれにせよ、今後もこの推移を観察していきます」

5-27 「最近読んだ本は何ですか？」

最近では「若者の活字離れ」が問題視されていますが、この傾向を「良し」と考えている企業人はいないでしょう。

したがって、「読書はほとんどしない」は論外です。

ここでは「～を読み、～という感銘を受けた。そして、～を得ることができた」といった王道的な受け答えが求められます。

流れとしては、一般的な回答手法のように、

「概要説明→感想→何を得られたのか？→どう活かしていくか？」

で良いでしょう。

チョイスする本は、大学のテキスト、ＳＰＩの問題集や本書のような就活攻略本、マンガ・雑誌はＮＧです。

小説を選ぶ学生が多いのですが、筆者はあえて**「ビジネスにつながる本」**をおすすめします（売れ筋ランキング上位のビジネス関連本など）。

ただし、業界の専門用語たっぷりの本だと、企業研究・業界研究にも役立つとはいえ、そもそも

学生レベルでは読破が難しいし、面接官に突っ込まれて墓穴を掘る可能性が高いでしょう。
ここは**生協に置いてある（置いてありそうな）本**からチョイスしましょう。

「ＯＫ！」例を見てください。

学生がまさしく読んでいそうで、ビジネスにも通じる本を選択しています。

セオリー通りの流れで回答していますので、納得感も高いでしょう。


OK!


「私が最近読んだ本は、『科学的根拠に基づく最高の勉強法』という単行本です。

医者である著者が、臨床医学という学問に膨大な時間を費やし勉強してわかったことを、エビデンスを用いて説明しています。

特に、『繰り返し読む、マーカーを引くといった誰もがやっている学習方法は効果が薄い』との解説は、大きな驚きでした。

限られた時間でより大きな効果を出すというこの本の方法は、仕事にも通じるところがありますし、正しいと思い込んでいた今までのやり方を疑ってみることも大切だと思いました。

この勉強法は社会人になっても役立つものですので、仕事を覚える際には、このやり方を応用して効率的に習得していきたいと考えています」

5-28 「少子化についてどう思いますか？」

この少子化に限らず、時事ネタについて聞く質問は、社会問題に対して最低限の、少なくとも新聞をきちんと読んでいれば得られる程度の知識や問題意識を持っているかをチェックするものです。

答え方ですが、たとえばこの少子化で言えば、理想的な回答は、

「応募企業や業界が、少子化でどのような影響を受けるのか？　事実・予測に基づいた自身の見解や問題意識について語る」

というものです。

といっても、大半の学生には難しいでしょう。

そこで筆者は、知ったかぶりの小賢しい論理や知識を振り回すよりも、**「知っている情報・知識に基づきながら、自分の意見を主張する」**というやり方を推奨します。

まず、

「少子化は今、こういった状態であると認識しています」

と、いま持っている情報・知識を伝えます。

そして、

「少子化は国、社会にとって大問題である」

と述べた上で、

「背景にはこうした要因がある、これをこうした手法で解決すべきだ」

と、自分の意見を主張します。

時事ネタの情報・知識を豊富に持っているなら、前提条件となる事実・予測についてたくさん話せるでしょう。そうでないなら、「ＯＫ！」例のように、知っている情報を披露するより、自分の考え・意見にボリュームを割くのが効果的でしょう。


OK!


「最近の出生率は過去最低で、このペースでは日本の人口が1億人を割ってしまうというニュースを聞いたことがあります。

人口が減れば、我々の社会生活に悪影響が出るのは必至ですから、何とか食い止める必要がありますが、なかなかうまくいっていないようです。

私自身もこの先、結婚して子どもを産み育てる時期を迎えますが、うまくやっていけるのか、正直不安が大きいです。

特に『20年近くも、子どもを養っていけるのか？』という経済的な面が不安で、これは私だけではなく、若い世代の共通認識だと思っています。

それなので、保育園の充実や教育無償化ももちろん大事ですが、適齢期にそうした経済力を身につけることができれば、より改善に近づくのではというのが私の意見です」

5-29 「新卒でも入社3年で3割が辞めることについてどう思いますか？」

まさしくこれは、**「あなたもそうならないか？」と危惧している質問**なので、きちんと打ち返す回答をしなければなりません。

といっても、嘲笑するように「そういった人達って、私から言わせてもらうと根性がないんですよ。でも私は違います！」と、何の根拠もなしに話すのは、明らかにマイナスです。

ここは、「新卒入社でも3年で3割辞めること」に対する自分なりの見解を述べつつ、「私はそうはならない！」というアピールにつなげて回答していきます。

具体的な回答の流れですが、これは皆さんにも充分に起こりうる話なので、**まずこの事実をしっかりと受け止める回答を**してください。

その後に、この問題に関する自分なりの要因分析を伝えます。

まさしく皆さんに身近な話なので、今の就活に絡めて説明しましょう。

最後に、「その要因に私は当てはまらないから、私はそうなりません！」につなげていきます。

「OK！」例を見てください。

最初に、他人事ではなく自分のことと受け止めています。

そして、この問題の要因を自分なりに分析した内容を伝えています。

さらに、解決の代替案に触れているのもグッドです。

最後に、自分はそうはならないように努力する、というアピールで締めることができています。


OK!


「これは他人事ではなく、私にも充分に起こりうることだと考えています。

早期退職はミスマッチが主な原因と言われていますが、私は『就活時にきちんと企業研究をしないことが、入社後の思惑の違いにつながっているのではないか？』と思っています。

海外のように、実際に志望する企業で働く体験を積んでから、双方で納得した後に入社を決定するといった採用制度ならば、このミスマッチも減らせると思いますが、今それを言っても私には該当しません。

なので、インターンシップや会社説明会、まさに今の面接といったリアルな場所で、いろいろと教えていただいたり、こちらからも質問させていただき、自分の疑問や不安を解消することで、入社後の思惑違いを最小限にして、入社後は迷いなくバリバリ働けるようにしたいと考えています」

5-30 「あなたを色に例えると何ですか？」

これに限らず、トリッキーな質問は、**「予想外の展開に対して、慌てず騒がず臨機応変な対応ができるか？」**という資質を見るのが目的です。

ただ、最近の就活生は、この手の質問に対策を講じている人が大半で、冷静な受け答えができることは最低条件としてクリアしています（逆に言えば、フリーズする、独り言を繰り返して時間稼ぎをする等、冷静さを欠くようではアウトです）。

これを踏まえた上で、さらに一歩進んで、**「先に述べた自己PRを強化する」**というやり方で、面接官に**「頭の回転の速さ」をアピール**しましょう。たとえば、

「私は情熱の赤です」

と、色を選択した後に、

「先ほど『大学時代に取り組んだこと』でお話した通り、アルバイト先で店長からスタッフ育成係を任され、後輩達に熱血指導を行ってきました」

と、赤選択の理由を述べます。

この後、伝えきれなかったエピソードや、アルバイト以外で熱血漢ぶりを発揮したエピソードなどで、自己ＰＲを補完します。

トリッキーな質問をチャンスに変える臨機応変さは、「頭の回転の速さ」の証明となるでしょう。

応用編として、今までの回答内容からは**遠いイメージの色を選択するのもあり**です。

この例でいうと、熱血漢とは対極の「青」にして、

「後輩には全力投球で熱血指導をしていましたが、一方で、何度ミスをしても決して怒らないように感情をコントロールし冷静に対処していました。たとえば～」

と、PRした熱心さから外れないように触れつつ、プラスアルファの違う魅力を披露するやり方です。

なお、先にPR済みの話とまったく関係がないと、「頭の回転の速さPR」どころか、今までせっかく伝えてきたこと自体も、信ぴょう性を疑われてしまいます。

必ず**先のPRを踏まえて関連付けてから**話すようにしてください。

OK!

「私を色に例えるなら、オレンジです。

先ほど申した通り、私は場を盛り上げて楽しくするのが大好きで、所属するサークルやゼミでは、盛り上げ役とかムードメーカーと思われています。

また、これはまだお伝えしていませんでしたが、2年次からは障がいがあるクラスメイトのノートテイカーの学内ボランティアも務めております。

このようなことから周りからは『いつも明るくて面白くて、面倒見がいいよね』と評価してもらっています。この明るさと暖色のような親しみやすさから、オレンジと例えさせていただきました」

5-31 「あなた自身にキャッチコピーをつけるとしたら？」

この質問の意図も、前項と同じです。つまり、**「技ありのコピーをつけられるか」が問題ではなく、**「予想外の展開に対して、慌てず騒がずに臨機応変な対応ができるか？」が見られるわけです。

前項同様に、「先に述べた自己ＰＲを強化」で、面接官に「頭の回転の速さ」をアピールしましょう。

流れは、「キャッチコピー→理由→エピソード」でＯＫです。

まず、今まで自分の「売り」とイメージが一致するキャッチコピーを創作します。

慣れていなければそう簡単ではないですが、自身を「モノ」「動物」に例え、修飾語を添えるやり方が、創りやすく面接官にもわかりやすいのでおすすめです。

たとえば、先に「粘り強さ」を「売り」していたなら、イメージに合った「ガム」に例え、「靴の裏にへばりついた」という修飾語を付けて強調します。

その後、

「なぜなら、はがそうとしても簡単には離れない点が、私の『粘り強さ』と一致するからです」と、理由を説明します。

最後に、この「売り」を裏付けるエピソードを盛り込みます。

このように理由とエピソードで固めて、今までの「売り」を再アピールしていくことで、面接官にあなたの「頭の回転の速さ」を感じてもらうのです。

OK!


「私のキャッチコピーは、『臭わない納豆』です。

納豆は主食ではありませんが、栄養価が高く日本の食卓には必要不可欠なものです。

私もそうありたいという想いも込めて、まず『納豆』にしました。

次に、嫌がる人が多い、あの独特の臭いですが、個性を前面に出すタイプではないので、『臭わない』を付けました。

先ほどお話しした、大学時代に最も力を入れたゼミですが、ゼミ長等の要職には就いておらず、あまり目立たない存在だと思います。

しかし、学内のゼミ大会時の資料収集や資料づくりを一任され、膨大なデータを処理してまとめ、裏方としてですが入賞に貢献できたという自負があります。

それなので、無臭のように個性はないけれども、周りの皆にとってはいないと困る存在という点から、このキャッチコピーにさせていただきました」

5-32

「最後に、何か質問はありますか？」

一通り面接が終わったら、面接官から、

「最後に、質問はありますか？」

と、聞かれます。

ここで事前に考えておいた質問を2～3程度ぶつけましょう。


質問は、仕事内容や会社に関するものがセオリーです。

「年休取得率は？」、「保養所は新人でも使えますか？」といった**処遇や福利厚生に関する質問はタブー**です。


せっかくの機会だからこそ、仕事内容や企業の方向性を聞いて、入社意欲をアピールしておきます。

「特にありません」もNG。「仕事内容や当社に、興味がないのか？」と、見切られてしまいます。


質問はあらかじめ複数用意しておいて、面接の状況に応じて臨機応変にぶつけましょう。

面接が低調でも、この質問で評価が好転するケースがあります。

効果的な「最後のひと押し」

質問をし、面接官が回答を終えたら、

「本日は貴重なお時間を賜り、ありがとうございました。不安に思っていたこともお伺いできて、ますます御社へ入社したい気持ちが高まりました。入社が叶いましたら一生懸命頑張りますので、よろしくお願い致します」

と、最後にワンプッシュしておきましょう。

人間は、最初と最後の印象を強く持つものです。

最初と最後が大きな影響を持つことを、心理学では、「系列位置効果」と呼ぶようです。

この**ワンプッシュを実行している人は、あまり多くない**のが実情です。ぜひ試してみてください。

実は筆者自身、恥ずかしながら、この「ワンプッシュ」にほだされた経験があります。

某企業で人事部長を務めていた時のこと。面接の最後に、

「私は御社のことしか考えておりません。御社で頑張らせてください。よろしくお願いします！」

と、高らかに宣言した就活生の熱意を高く評価してしまい、内定を出したことがあります。

後から内定辞退を電話で平然と言われた際には、本当に拍子抜けしました。面接官も人の子です。どんなに面接慣れしていてもコロッと騙されることがあるという、わかりやすい例です。

ぜひ、この効果をうまく活用してください。

Column 5

面接後のお礼ハガキは有効

面接をしてくれたお礼を伝えることは、禁止されていなければ、やっておいて損はありません。後から評価が変わることはありませんが、面接官に良い印象を持ってもらえる可能性があります。

メールで伝えるのが一般的でしょう。ただ、ここはあえて、ハガキを書くことを筆者はおすすめします。活字よりも丁寧に気持ちを込めて直筆で書いたものの方が想いは伝わりますし、面接官の印象にも残るからです。

普通のハガキではなく、ロフトなどで販売している高級紙のハガキに、面接終了後すぐにカフェ等で書いて投函すると、最速で到着するので、さらに効果が増します。

この効果を説明しても、実行する人はごく稀。ライバルに少しでも差をつけたいなら、迷わずぜひ実践しましょう。

●お礼ハガキの実例

拝啓　時下ますますご清栄のこととお喜び申し上げます。

本日は貴重なお時間を割いて面接をしていただき、誠にありがとうございました。

面接で直接お話を伺いまして、貴社で働くイメージがより一層明確に持て、ぜひ貴社で働きたいと強く思いました。

末筆ながら、貴社の今後ますますのご発展をお祈り申し上げます。

敬具

STEP

6

「圧迫質問」は、こう切り返せばOK！

6-1 「あなたは当社には合わないんじゃないですか?」

圧迫質問の典型例です。

面接官は明確な基準に基づいて、「合っていない」と言っているわけではありません。**合う、合わないを糺すのが目的ではない**のです。それよりも、**「プレッシャーの下で、当社志望の熱意をアピールできるかどうか」**が一番のポイントなのです。

だから**「なぜ合っていないのか?」を深く考えると回答を誤ります。**

今はやりの就活テクでは、「いや、私は合うと思っています。なぜなら~です」とロジカルに反論することになっていますが、これではダメ。「合っています」という理屈を聞きたいのではありません。あなたの意志にそぐわないことを言って、**あえてプレッシャーをかけることで、当社への想いが本物なのかを試しているのです。**ゆさぶってみているわけです。

圧迫質問の対策は、**最初に面接官の指摘をいったん受け入れてから、その後できちんとフォローするのが**定石。

ここでもまず、面接官の「合っていない」指摘を受け入れます。

その後、「OK!」例のように、「誰にも負けない」といった**強い表現で、御社で働きたい熱意を**

語ります。

そして最後に、**御社に合う人間になるために努力していることを語って、熱意の裏づけ**をしておきます。

なお、（「ＯＫ！」例に出てくる）「予定」は未来の話ですので、今やっていなくても宣言はできます。なので今、取り組んでいることがなければ、予定を話しておきましょう。

OK!

「確かに、私はまだ甘いところがたくさんありますし、実際に社員として働いた経験もないので、『私は御社に合っています』と明言する自信はありません。

しかし、御社で働きたいという想いは、誰にも負けないつもりです。先日御社ＯＢの谷中さんから『うちは残業が多くて体力的にかなりキツいよ』と言われたことがあり、日々の御社の仕事についていけるよう、さっそく筋トレとランニングを始めています。

また『社会人になると時間が取れないから、大学時代に○○資格をとっておいた方がいい』とアドバイスを頂きましたので、就活が終わり次第、資格学校に通う予定です。

私はすぐに行動に移して努力する人間で、御社と合っていない部分があればこの努力で補っていく覚悟ですので、ぜひよろしくお願いいたします！」

6-2 「顔色が優れないようですが、大丈夫ですか？」

この質問に**「自己PRに絡めてほしい」**とか**「志望の意欲を改めて感じさせてほしい」といった深い意図はありません。単に「急にネガティブなことを言われた時の、とっさの反応を見る」ための質問です。**

基本は「慌てず、騒がず、冷静に返す」。

正解はありませんから、「顔色が悪い」に対しては、否定でも肯定でもどちらでも良いのですが、筆者は圧迫面接の回答セオリーに則って、**「まず肯定するやり方」を推奨**します。

たとえば、

「御社の採用面接は、私にとって、これまでの人生における最大の勝負所だと思っています。ですから、顔色が悪いどころか、実は気を失いそうなほど緊張しています」

のように言えば、「学生らしい初々しさ」と「そこまで言えるほど、当社への志望度が高いのか」という志望意欲を感じ取ってもらえることでしょう。

その上で、いつもはそうではないことをきちんと伝え、最後に、このような印象の悪い表情にならないように改善していきたい旨を語って、「前向きさ」もアピールしておきましょう。

「ＯＫ！」例を見てください。「（他社と比較して、応募先企業が）特別なんだ！」と伝え、高い志望度をアピールできています。

そして、ふだんの自分を語ることで「まったく違う」ことを証明し、最後に働くことと絡めながら改善努力を語ることで、「前向きさ」もアピールできています。

OK!

「私は他社の面接ではあまり緊張しなかったのですが、御社には特別な想いがあるだけに、今のこの面接ではすごく緊張していて、それが表情に出てしまっているのかもしれません。

ご心配をおかけして申し訳ございません。

ふだんは陽気で明るい方で、週3回、フットサルサークルで汗を流していることもあり、健康そのものなので、顔色について周りから指摘されたことはありませんでした。

ただ、やはり御社のこの面接は、今後の私の人生を左右する重要な局面だと、自分にしっかりと言い聞かせてきましたので、その覚悟の重さの現れと思います。

しかし、ご指摘のようでは、仕事相手に与える印象が良くないと思いますから、こういった緊迫したシーンであっても、きちんと自分らしさを出せるように努めていきたいと思います」

6-3 「希望する部署に配属されなかったら、どうしますか？」

たとえば、あなたが「営業部への配属」を希望しているとしましょう。

その場合、

・「将来的には営業に配属されるように、目の前の仕事に全身全霊で臨むつもりです」のように、あくまで営業志望だということをアピールするやり方

・「与えられた仕事に全力で取り組むだけです！」と、「他部署であってもやる！」をアピールするやり方

という二つがオーソドックスな手段でしょう。

どちらで回答してもいいのですが、後者の場合、「当社でやりたいこと」や「当社の志望理由」において「営業」を軸に語っていると矛盾が生じます。「営業やりたい！　ってあれだけ言ってたのに、何でもいいのか？　節操のないヤツだ！」と思われるリスクが高いので、前者で回答することを推奨します。

そもそも、人事異動がない会社はないのですから、「今は希望が叶わなくても、いずれきっとチャンスがある、いやチャンスをつかむように違う部署でも一生懸命に努力をする」と、前向きに語って

おきましょう。

「OK!」例を見てください。

まず自分の希望通りにはならないことを知っている旨を伝えた後、いずれは異動のチャンスをつかみたい、そして他の部署に配属されたとしても、その経験は希望部署の仕事にきっと役立つ、と希望配属の軸をぶらすことなく、ちゃんと筋を通すことができています。

OK!

「会社組織で働く以上、希望が通らないこともあることは、もちろん認識しています。

営業部に配属にならなくても、御社のジョブチャレンジ制度を活かすなどして、いずれは営業にチャレンジするチャンスが出てくると思っています。

また、たとえば生産管理のような他部署で働くことになった場合、生産管理の立場から営業に要望したいことも見えるでしょうし、念願叶って営業職に就いた場合には、生産管理の立場も分かった上で、効率的な営業活動ができると思います。

会社はすべて機能的につながっていますので、他部署であろうとも精一杯頑張る覚悟です。

そして将来的にはやはり念願の営業に就いて、それまでの経験や人脈をフル活用して、バリバリ頑張りたいと思っています」

6-4 「当社の業務はクレームも多く、ストレスは半端ではないですよ、大丈夫ですか？」

どんな部署や職種でも、ごく一般的な企業でも、クレームを受けるのは珍しいことではなく、当たり前のことです。強引な営業で有名な会社や、消費者庁に睨まれているような業界だけに当てはまる話ではありません（件数は、業種・職種・企業により多寡があると言えるかもしれませんが）。

クレームやストレスという言葉で圧力をかけて、**「本気で働いていく気概があなたにはあるか？」**を面接官はチェックしているのです。

なので、もちろん「大丈夫です」は必須。

しかし、それだけではNGです。働く覚悟ができている理由をきちんと説明しないといけません。

だからここは、クレームに焦点を当てて、これを**前向きにとらえるやり方で、「ちゃんと働くことを認識している」旨をPRする作戦**でいきましょう。

回答の流れは以下です。

・最初に「大丈夫」

→「働く上でクレームを受けるのは当たり前、そんなことは重々承知済みで、むしろクレームの中にこそ業務改善の最大のヒントが隠されていると思っています」といった「ちゃんと理解している」旨をアピールするのが最大のポイント。

→これを応募先企業の入社意欲に関連付けておくと、さらにグッド。

なお、OB・OG訪問などの内容を元に真偽をただす、たとえば、「OB訪問時には、最近御社ではそんなにクレームがないと聞きましたが……」と言うと、面接官の本音に沿った回答ではなくなるので避けましょう。

「OK！」例のように、詳細まで踏み込まず、社会人になる心得や、応募企業で働く上で気をつけることとレベルの引用に留めておいた方が無難です。

入社意欲を盛り込んでおけば、志望度の高さも汲み取ってくれることでしょう。

OK!

「大丈夫です、覚悟はできています。

先日のOB訪問時に、学生と社会人の違いについて丁寧に教えていただき、また『営業やお客様相談室でなくても、会社員なら常に外から厳しい目で見られていて、クレームや苦言を呈されることなんて当たり前』と伺いました。

クレームを受けるのは正直、精神的につらいと想像しますが、『適正なクレームは当社に期待していることの証左で、真摯に向き合えば解決の糸口は必ず見つかる』と伺い、まだまだ認識が甘いと反省し、つらいことから逃げずに業務に取り組んでいかなければと、考えを改めました。

働きたい会社でこういった業務を経験することは、将来的に見て非常に有意義なことだと思いますし、お客様と真剣に向き合うチャンスと前向きに考えて、仕事に邁進したいと思っています」

6-5 「それだけ自己主張できると、敵が多そうですね」

この質問は、**自分をうまくアピールできている時に、飛んできます。**

面接官は、**敵が多いか少ないかを確認したいのではなく、とっさの対応力を計りたい**だけです。

まずは焦らず落ち着いて回答するのがマストです。

ただし**「確かに敵は多い、でもライバルが多いからこそ切磋琢磨して自らも成長できる」といった回答は、「協調性に難あり」と見なされるリスクがあります。**

ここは無難に「敵は多くない」を選択する回答をおすすめします。


具体的には、受け答えの定番である**「YES～BUT法」**で回答します。

「確かにしっかりと自己PRをさせていただいていますので、そう思われるのも無理はありません」

とYESで受けて、

「ただ、私は我を通す、わが道を行くというよりも仲間と一緒に行動するのが好きな人間で、友人も多く、決して敵が多いタイプではありません」

として、サークルやゼミといった組織の中で自分の協調性、チームワークを発揮したシーンを述べてフォローするやり方です。

せっかくですから最後に、

「自己主張と協調性のバランスを常に意識して行動しています」

といった、TPOに合わせた対応ができるアピールで締めて、「ちゃんとわかっている学生」をアピールする作戦でいきましょう。

「OK！」例を見てください。

定石通り「YES～BUT法」で回答した後に、「場の空気を読める人間」である旨を語り、前述の作戦通りのアピールができています。

OK!

「確かに、御社の面接対策をしっかりやってきたこともあり、先ほどは自信を持って自分をアピールできましたので、敵を多く作りそうと見えたのかもしれません。

私はどちらかというと、衝突を避けるように臨機応変に対応できる方です。

たとえば今のサークルでも、暴走気味の代表と、メンバー、特に後輩との「のりしろ役」を務め、円滑にサークル組織を回すよう努めています。以前、後輩から、『古田さんが話をじっくり聞いて調整してくれたので、（サークルを）辞めるのを思いとどまったんですよ』と、感謝の言葉をもらったこともあります。

もちろん、自分の意見を主張すべき時はしますし、逆に自己主張より組織の論理が優先される場合があることも、このサークル活動の経験で理解しているつもりです。

これから社会人になっても、その場の空気を読んで臨機応変に対応していきたいと思います」

Epilogue

ここまで、お疲れさまでした。

「面接官の意図・本音を読む」

「ウンザリさせない回答を」

など、面接対策は、まだ社会人経験のない皆さんにとって、神経を使う作業かもしれません。受験や資格試験の問題集のように、最後に正解があって自己採点できるものでもないし、ライバルたちはどう回答しているか、自分はどのあたりの位置にいるのかもわからないので、できるだけ自分を大きく見せたくなる。そうして、つい「盛りたくなる」気持ちは痛いほどわかります。

実際に面接を受けたり、回答案を考える中で、もしまた盛りたくなったら、ぜひ本書を再読・精読してください。本文で詳述した通り、何でもバカ正直に言えばいいわけではありませんが、「盛った回答」が面接官にはいかにお見通しか、盛らなければ伝わったはずのあなたの人柄や魅力が、盛ったばかりにいかに伝わらなくなってしまうかが、より深く腹落ちすると思います。

良い就職ができるよう、応援しています。

中谷充宏

◎著者紹介

中谷充宏（なかや・みつひろ）

就活・転職のパーソナルキャリアコーチ。

キャリアカウンセラー（キャリアコンサルタント）。社会保険労務士。行政書士。

同志社大学法学部卒。新卒入社したＮＴＴ（日本電信電話株式会社）、ＮＴＴコムウェアでリクルーターを務めた後、転職（１社）を経て平成16年に職務経歴書の作成代行をメイン業務とするキャリアカウンセラーとして独立。

社会保険労務士として、採用コンサルティングの経験も豊富。人事部長として企業人事を一任されるケースも多数。集団面接・ＧＤに対する企業側のニーズや生々しい実際の面接シーンを、面接官として熟知している。４つの大学のキャリアセンターに所属経験があり、支援した大学生は１万人以上。就活生の実情にも深く通じている。

無料で行う人材紹介会社や行政機関等と異なり、依頼者が直接報酬を支払う「クライアント課金型方式」によるマンツーマンの転職サポートを行う。そのため依頼者から非常に高いレベルを求められるが、理由を問わず結果に不満な場合に全額を返金する保証制度を起業時から導入、19年を経過した現時点で返金事例はたった１件という満足度の高い支援を実現している（現在は廃止）。

東大や慶應大卒の一流企業社員、米国ＭＢＡホルダー、公認会計士、大学教授、フランス人ＣＥＯといったエグゼクティブ層から、大学生、高校生、ニート・フリーターまで幅広いクライアントの就職・転職を支援している。大連（中国）、香港、シンガポール、ボストン、ロンドン、南スーダンなど、海外からのオファーにも対応。

人材を送り出す側と受け入れる側の両面を知り尽くした、日本では数少ない就活＆転職の「パーソナルキャリアコーチ」であり、ＮＨＫや読売新聞、リクルートの転職媒体での転職関連の取材、「マイナビ転職」で激辛面接官を務めるなど、マスコミ掲載実績も数多い。

著書に『面接官が本音で教える集団面接・ＧＤ（グループディスカッション）完全対策マニュアル』、『20代～30代前半のための転職「面接」受かる答え方』、『20代～30代前半のための転職「書類」受かる書き方』、『30代後半～40代のための 転職「面接」受かる答え方』、『30代後半～40代のための 転職「書類」受かる書き方』（秀和システム）などがある。

◎就活の家庭教師　http://shukate.com/

●注意

(1) 本書は著者が独自に調査した結果を出版したものです。
(2) 本書は内容について万全を期して作成いたしましたが、万一、ご不審な点や誤り、記載漏れなどお気付きの点がありましたら、出版元まで書面にてご連絡ください。
(3) 本書の内容に関して運用した結果の影響については、上記(2)項にかかわらず責任を負いかねます。あらかじめご了承ください。
(4) 本書の全部または一部について、出版元から文書による承諾を得ずに複製することは禁じられています。
(5) 商標
本書に記載されている会社名、商品名などは一般に各社の商標または登録商標です。

面接官《めんせつかん》が本音《ほんね》で教《おし》える
就活面接《しゅうかつめんせつ》
完全対策《かんぜんたいさく》マニュアル

発行日　2024年5月9日　第1版第1刷

著　者　中谷《なかや》　充宏《みつひろ》

発行者　斉藤　和邦
発行所　株式会社　秀和システム
〒135-0016
東京都江東区東陽2-4-2　新宮ビル2F
Tel 03-6264-3105（販売）Fax 03-6264-3094
印刷所　三松堂印刷株式会社　Printed in Japan

ISBN978-4-7980-7258-6 C0030

定価はカバーに表示してあります。

乱丁本・落丁本はお取りかえいたします。

本書に関するご質問については、ご質問の内容と住所、氏名、電話番号を明記のうえ、当社編集部宛FAXまたは書面にてお送りください。お電話によるご質問は受け付けておりませんのであらかじめご了承ください。